HALLE

mitteldeutscher verlag

Conrad Schumann

HALLE

Momente

Mit Texten von Katrin Rux

Auf Salz und Rosenwegen

In Halle ist schon mancher auf der Spur des Salzes gegangen. Die Gründungslegende erzählt vom Schweinehirten, der unverhofft auf ein glitzerndes Glücksschwein traf. Er traute seinen Augen nicht, als er merkte, dass es von Salzkristallen bedeckt war. Im Lichthof des Finanzamts am Hallmarkt funkelt das Schwein heut wieder. Keck schnüffelt es, aufgehängt an vier starken Seilen, nach neuen Funden. Ich überquere den Marktplatz und verweile am Eselsbrunnen. Auf dem Brunnenrand liegt eine Rose, und ein steinerner Jüngling geht neben seinem Esel her. Ein Müllerbursche soll vom Süden her auf Rosenblüten in die Stadt geritten sein. Die verdutzten Bürger erwarteten ihren Kaiser. Doch der kam von der anderen Stadtseite herein, weil ein Saalehochwasser die Reisepläne durchkreuzte. Auf den Renaissancehäusern am Alten Markt stehen wohlklingende Namen über den Portalen, nicht nur Mozart hat im Gasthaus zur Goldenen Rose schon eine vergnügliche Nacht verbracht. Auf den Stufen des Künstlerhauses zum Goldenen Pflug warte ich auf eine Freundin und beobachte die Besucher des Beatles-Museums. Umgeben von den ältesten Häusern in Halle, kommt mir der Gedanke: Ich zeichne ein Bild der Stadt, ich schreibe von Altem und Neuem, von Stillem und Lautem, in Winkeln und Geraden, im Zickzack und von oben.

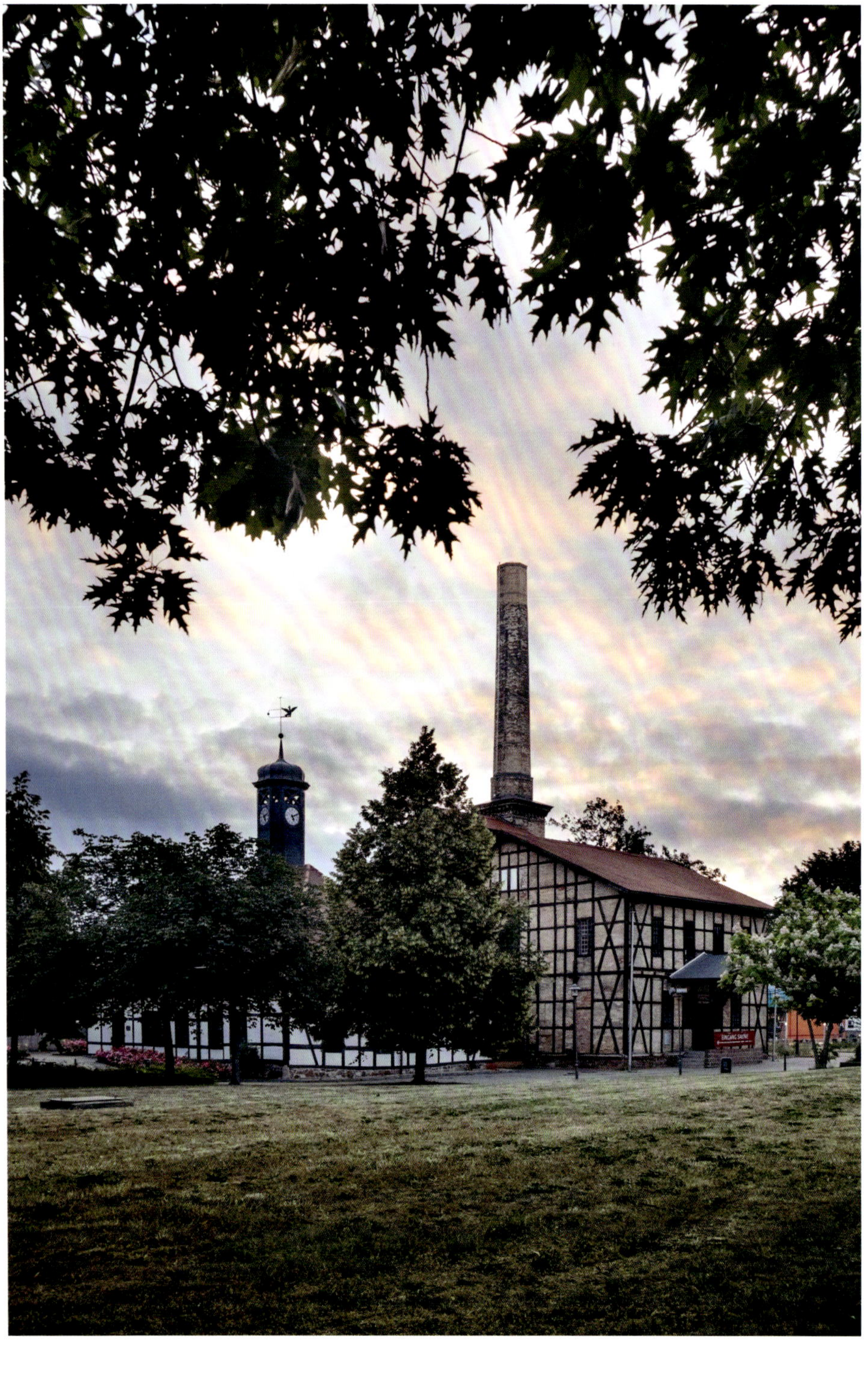

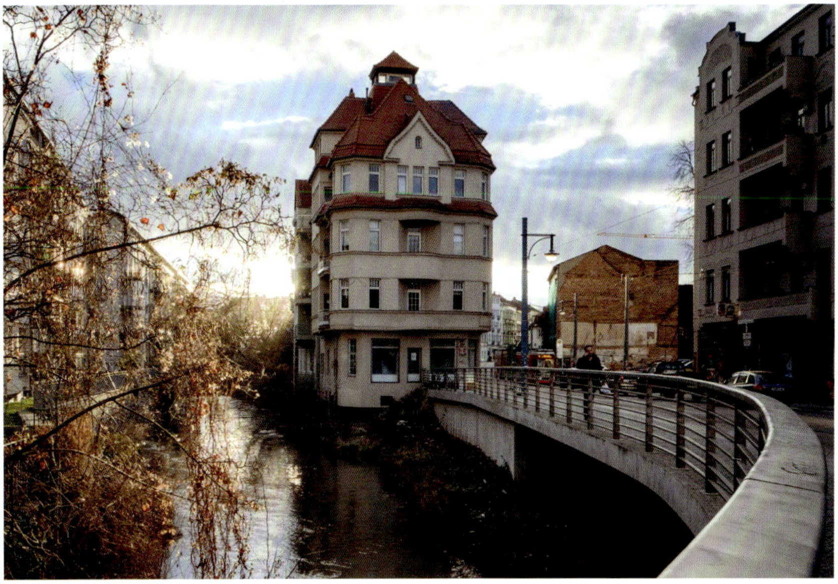

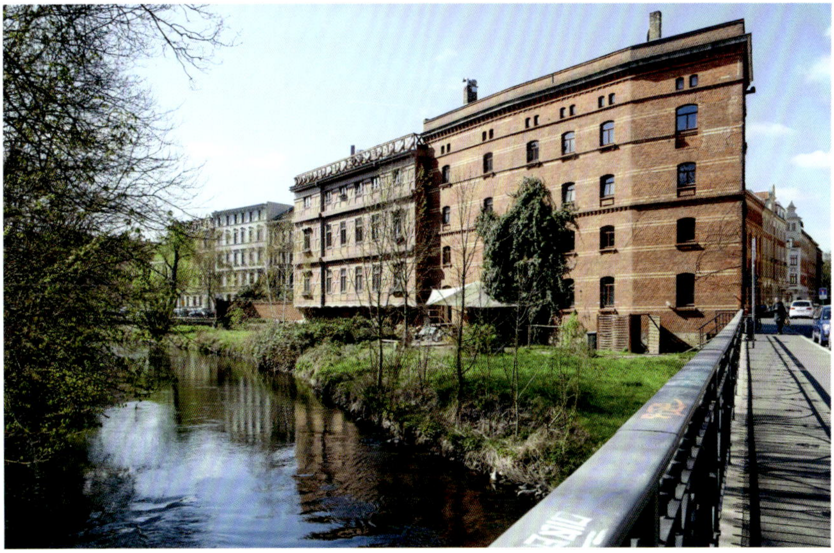

MDR-Gebäude am Salzgrafenplatz *Ankerstraße* *Händelhalle am Salzgrafenplatz* *Finanzamt am Hallorenring*

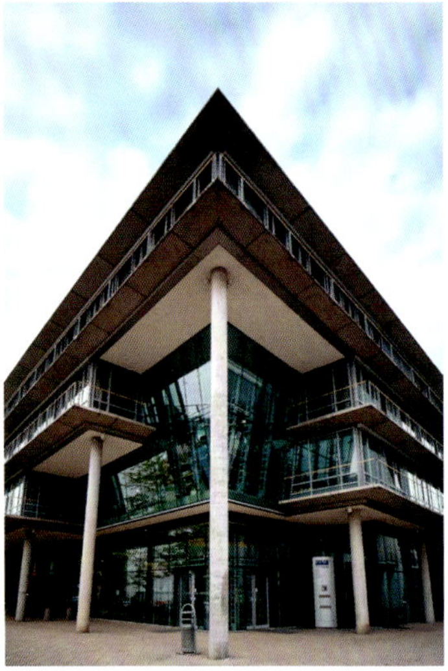

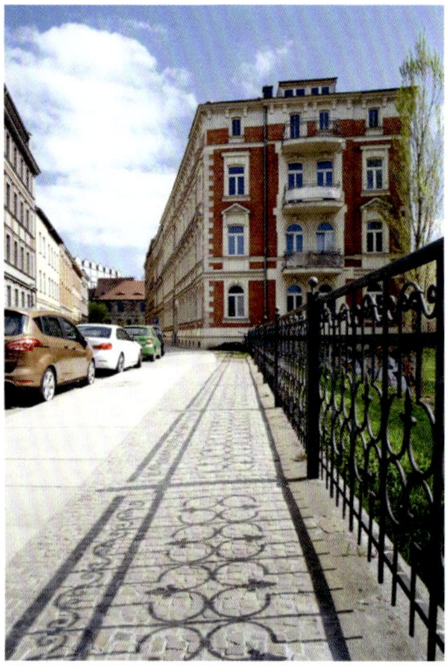

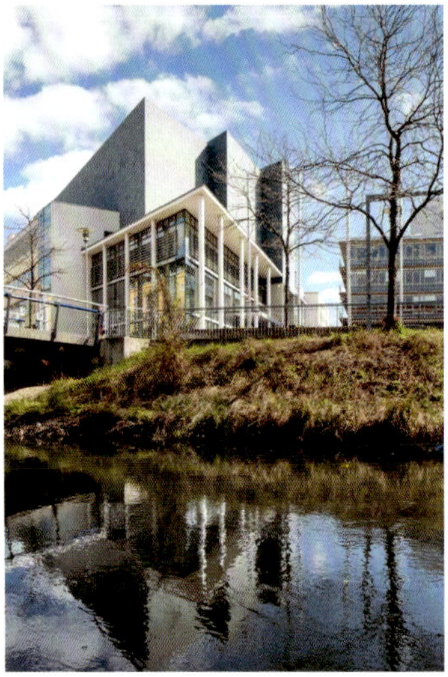

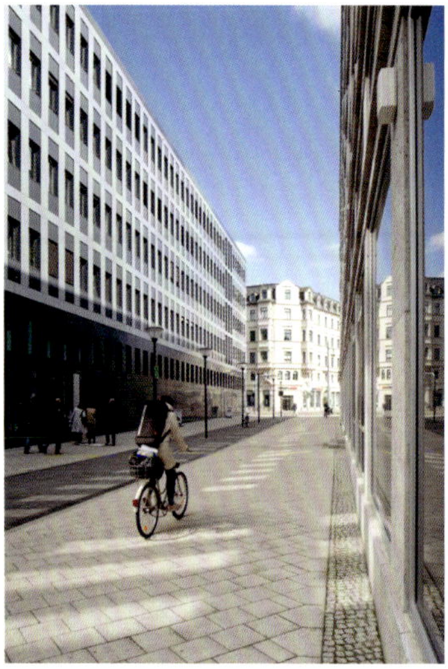

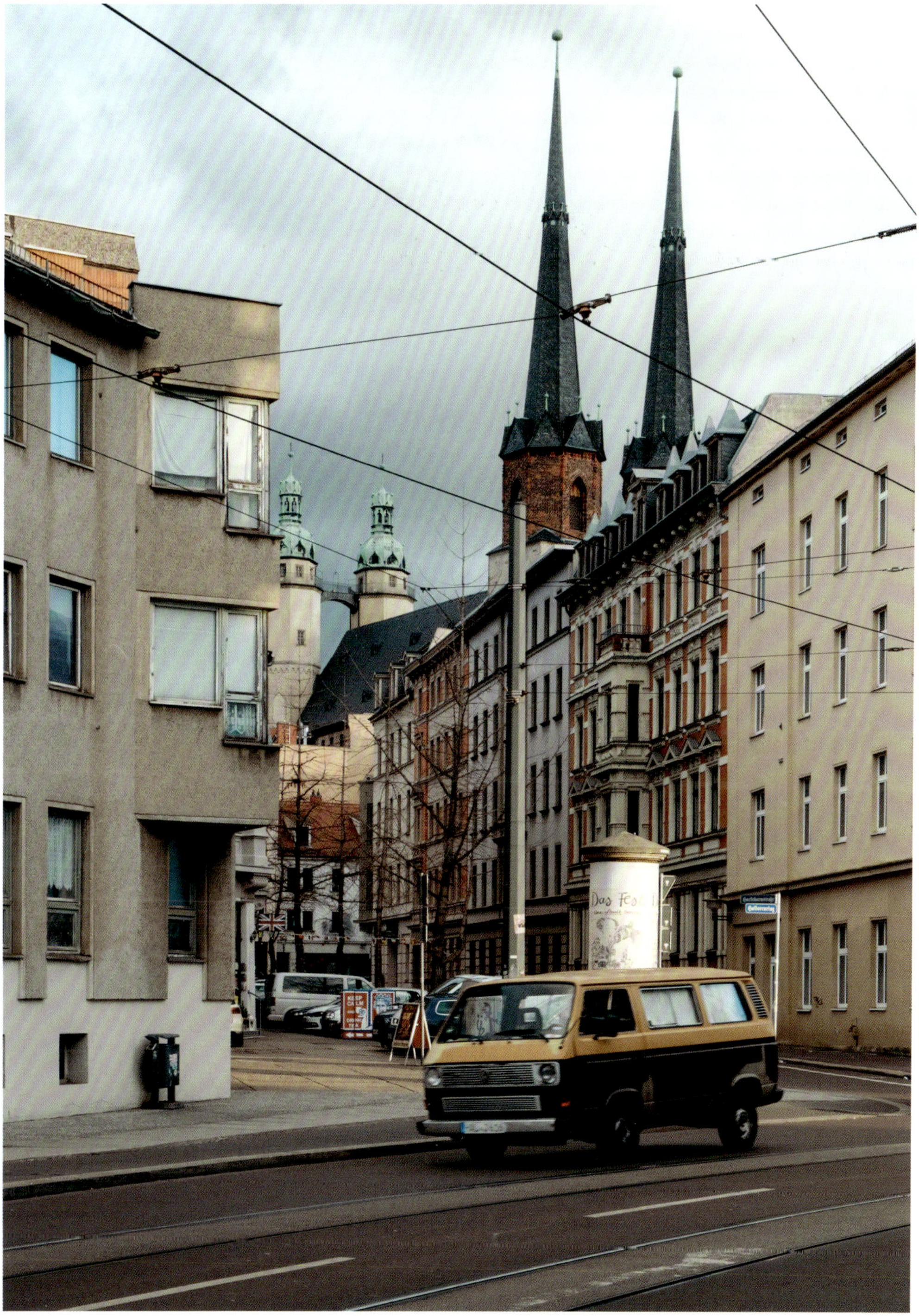

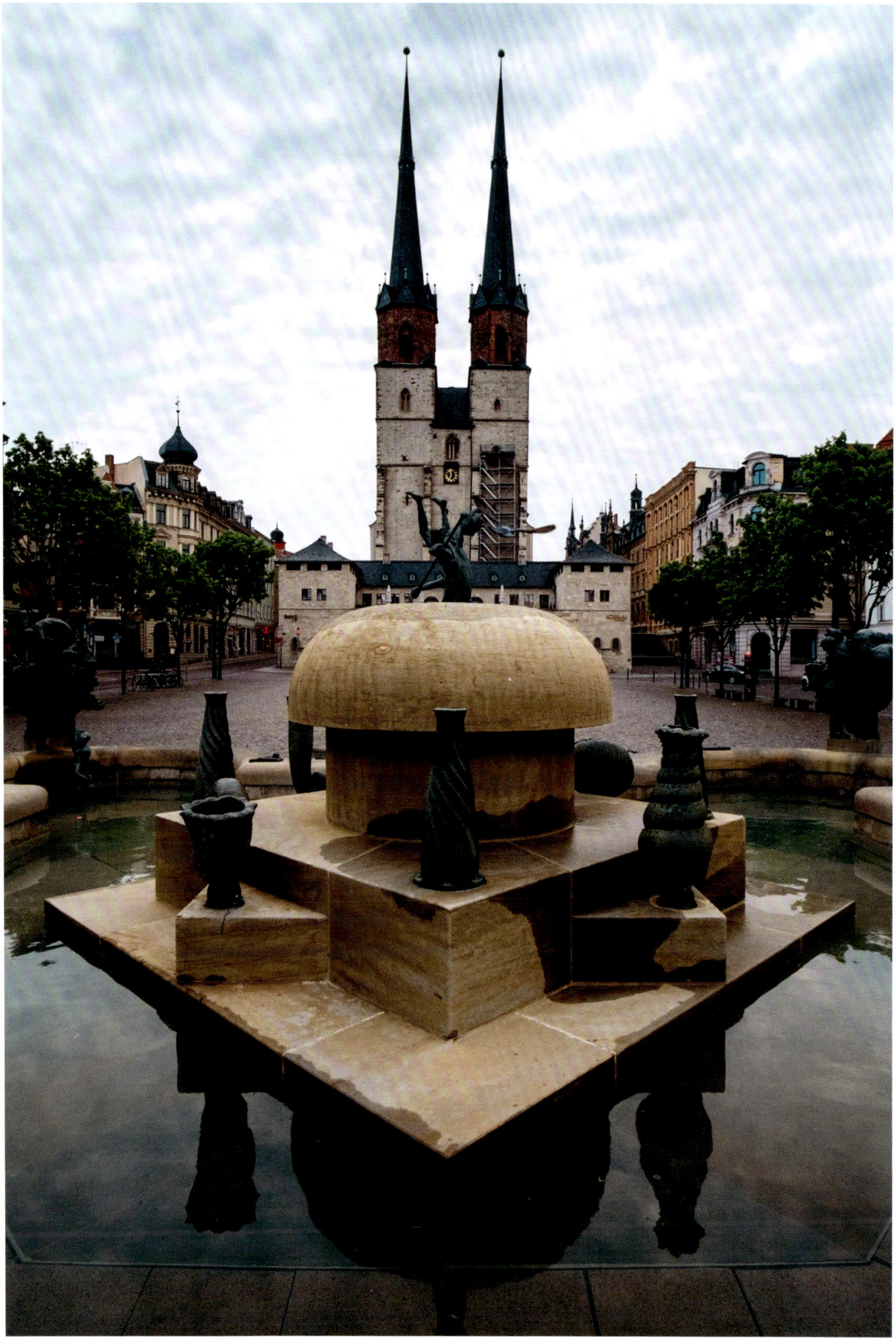

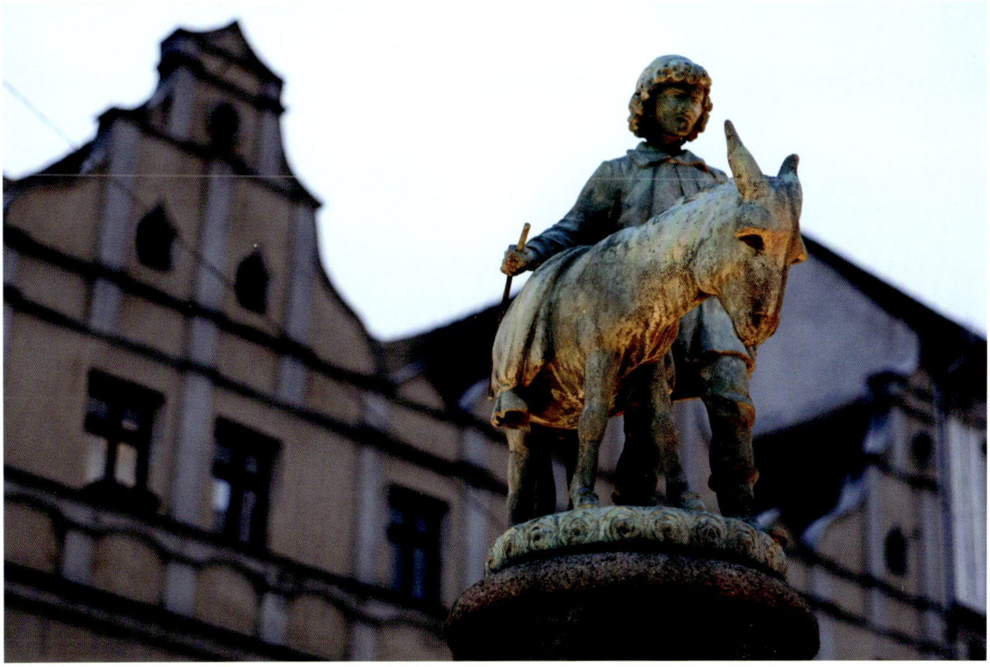

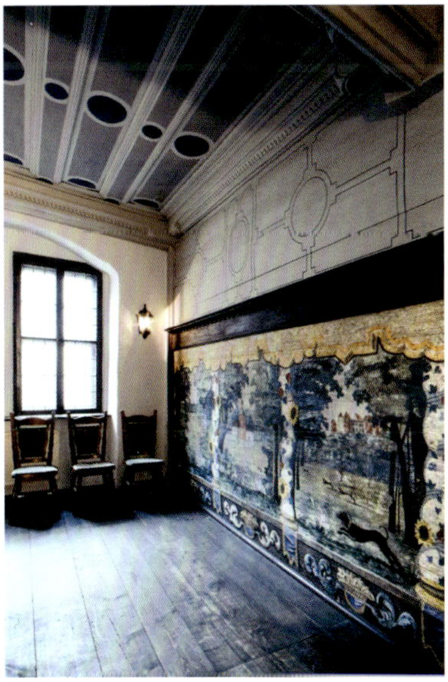

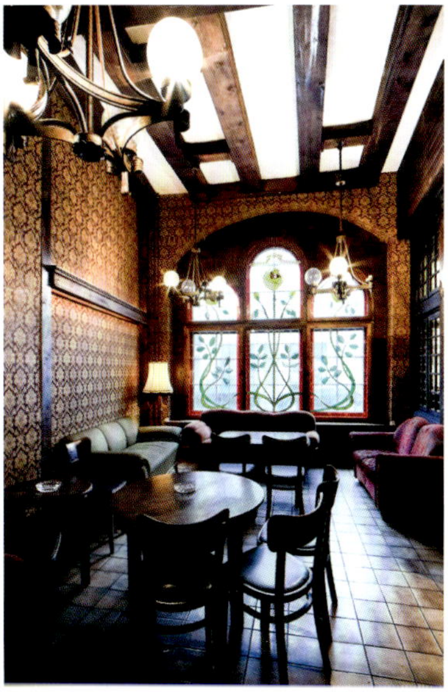

Ich folge dem Lauf des Flusses

Wenn ich fern vom Brausen des Verkehrs bin, vernehme ich das Gurren der Tauben in den Hinterhöfen und das Rufen der Krähen. Die Krähen sammeln sich im Herbst zu Hunderten und ziehen als schwarze Schwärme über die Stadt hinüber zur Saale. Die einsamen Ufer gehören dann ganz ihrem Rufen, und es ist, als wenn man sich in ihre vertrauten dunklen Schwingen einhüllen möchte. Stimmungswechsel, wenn die Temperaturen steigen. Stimmen von vielen vergnügten Großen und Kleinen. Menschentrauben bevölkern die Badestrände am Saaleufer auf der Peißnitzinsel. Zwischen den Badegästen tummeln sich wie selbstverständlich Nutrias, die behäbig herantrippeln, um sich allerlei Leckereien abzuholen. Hunde springen auf den ausgedehnten Wiesen umher, der Eiswagen klingelt hell. Die Frisbee-Scheiben schwirren zwischen alten Weidenbäumen. Auf der Ziegelwiese schnellt die Fontäne bis zu neunzig Meter in die Höhe, und die Grillstände lassen sich im Juli und August nicht mehr zählen. Der Sommer am Fluss gleicht einem nicht enden wollenden großen Fest im Freien. Für alle gibt es Platz. In den Abendstunden klingt Musik über den Fluss, es ist nun an der Zeit für einen Tanz im allseits beliebten Peißnitzhaus.

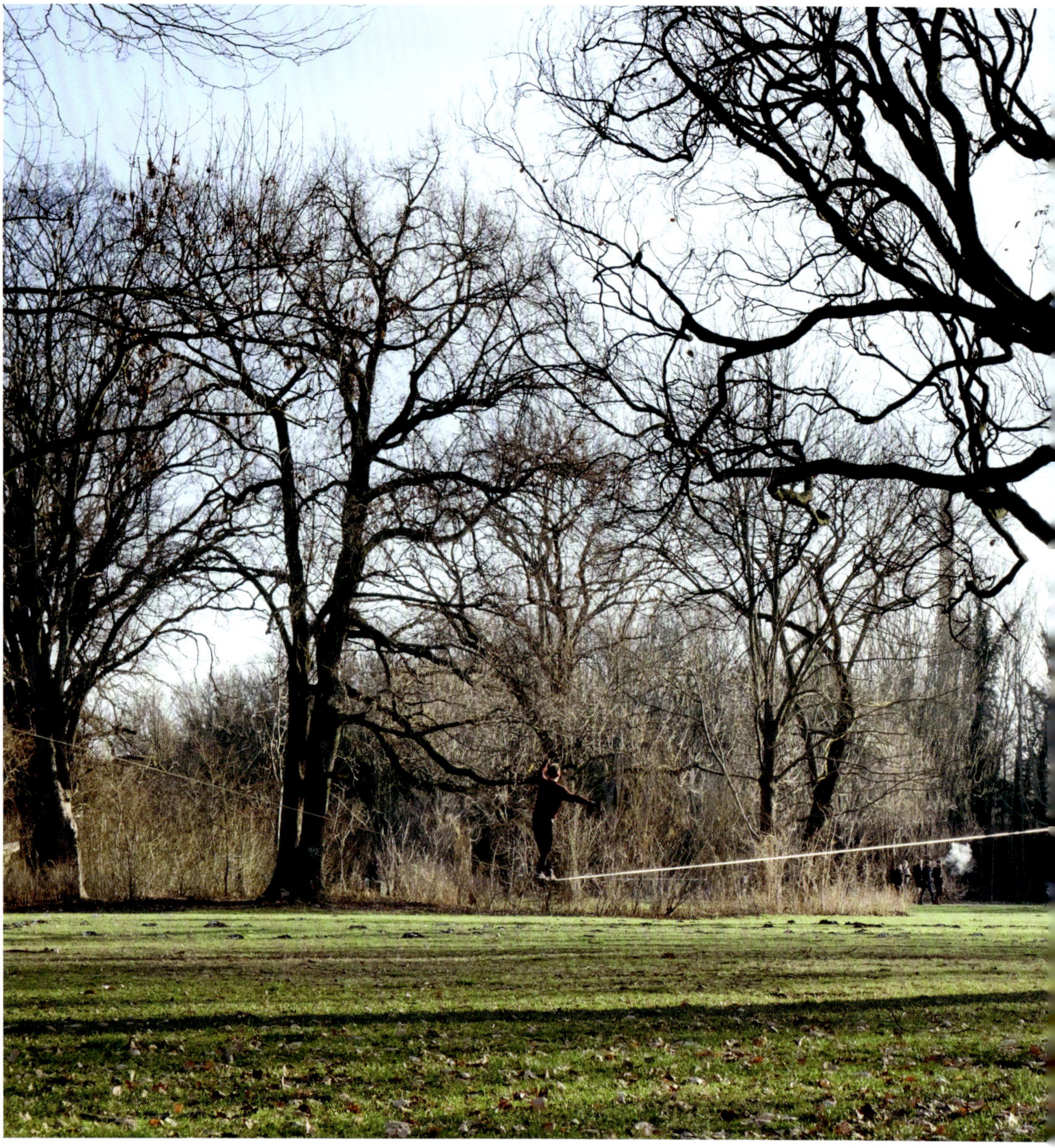

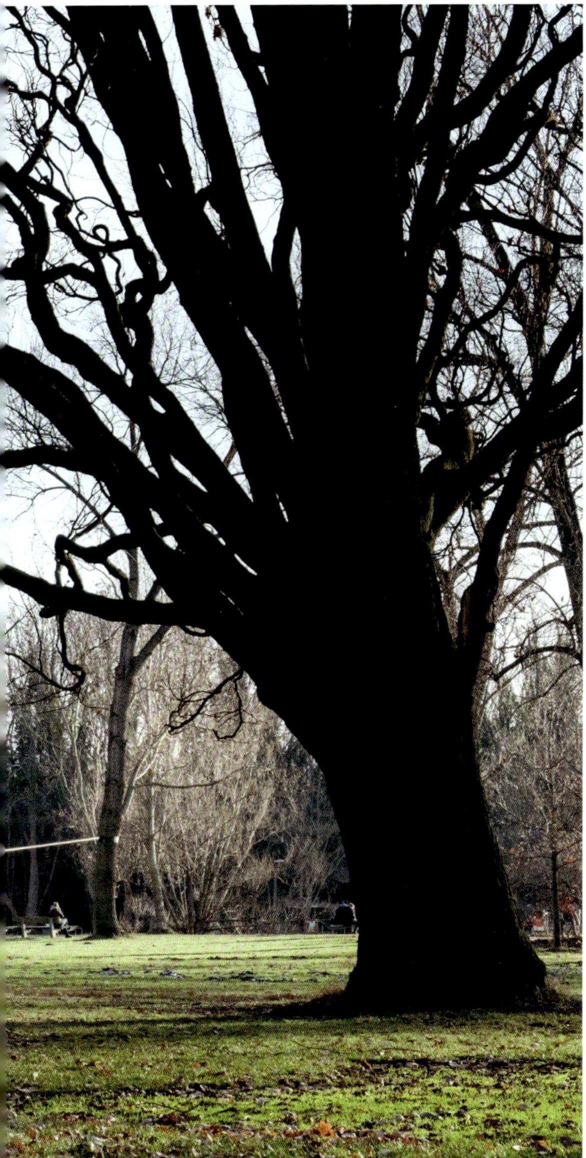

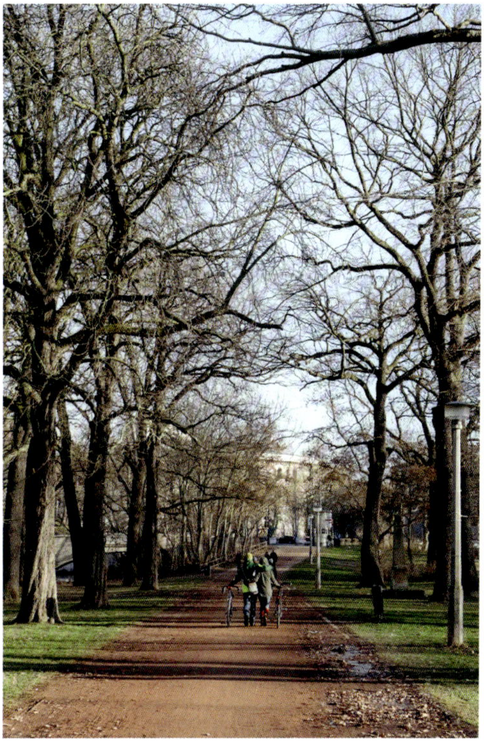

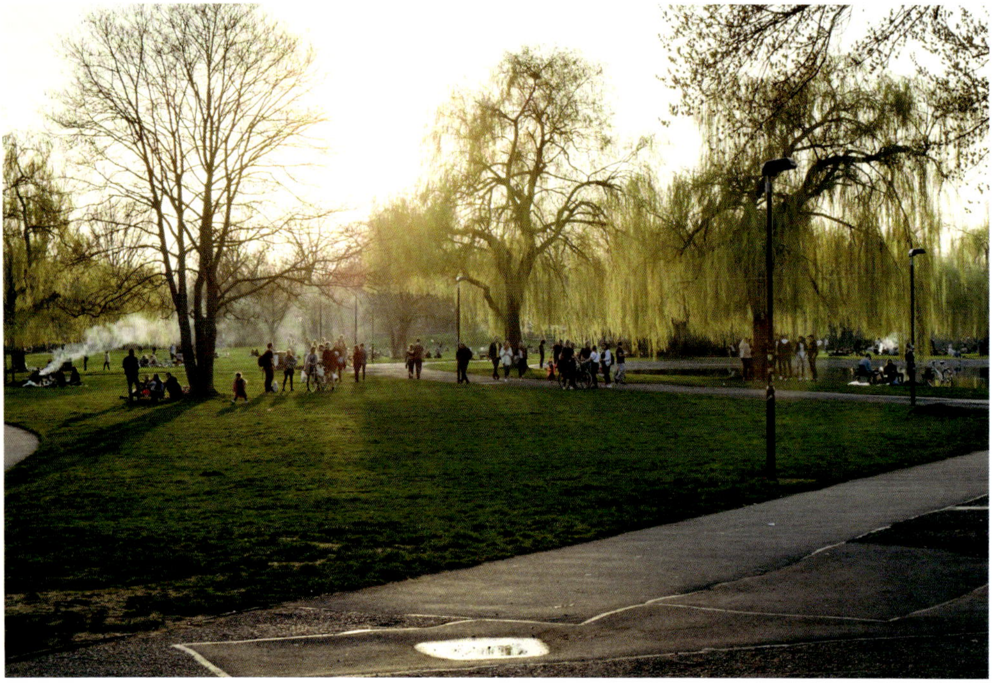

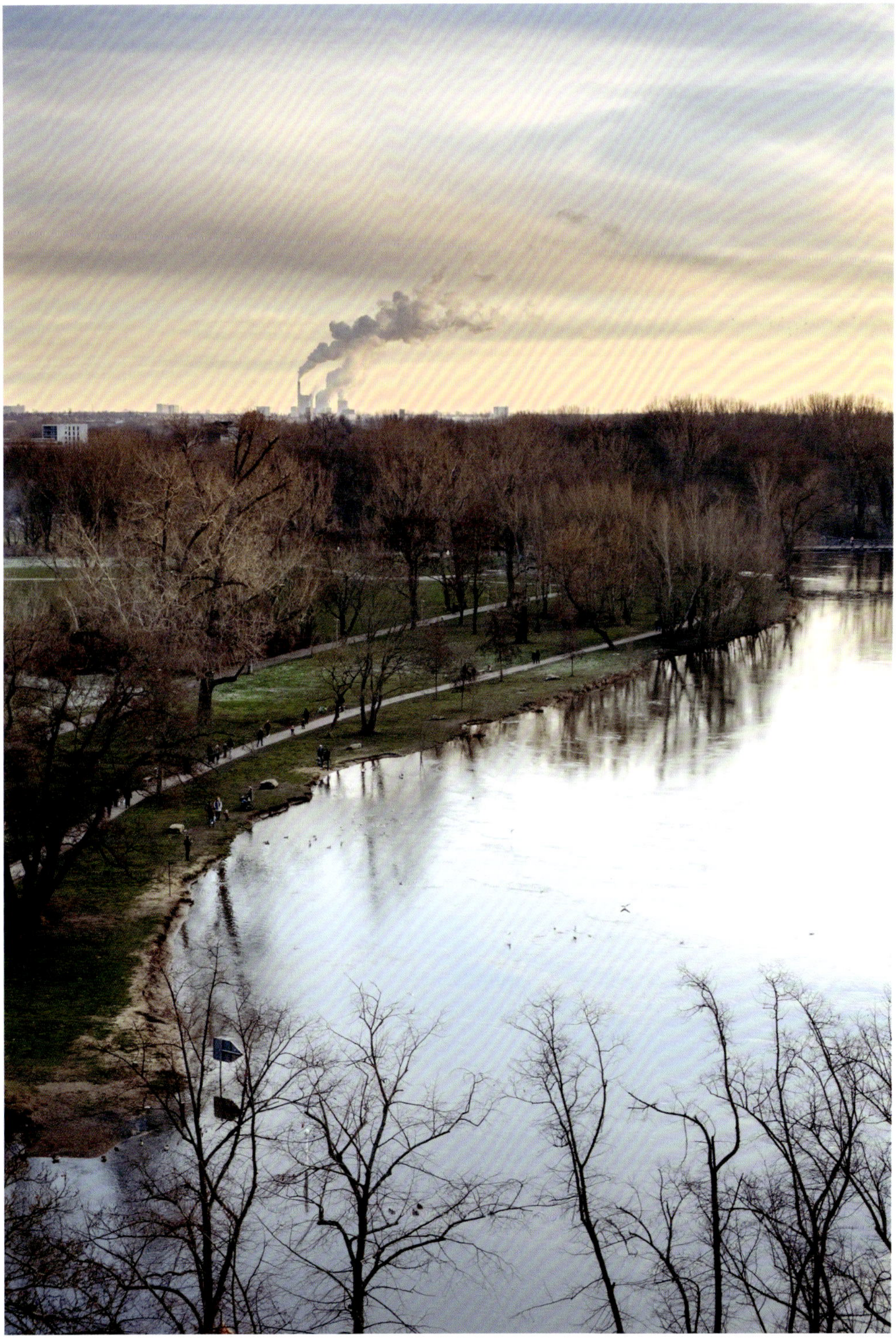

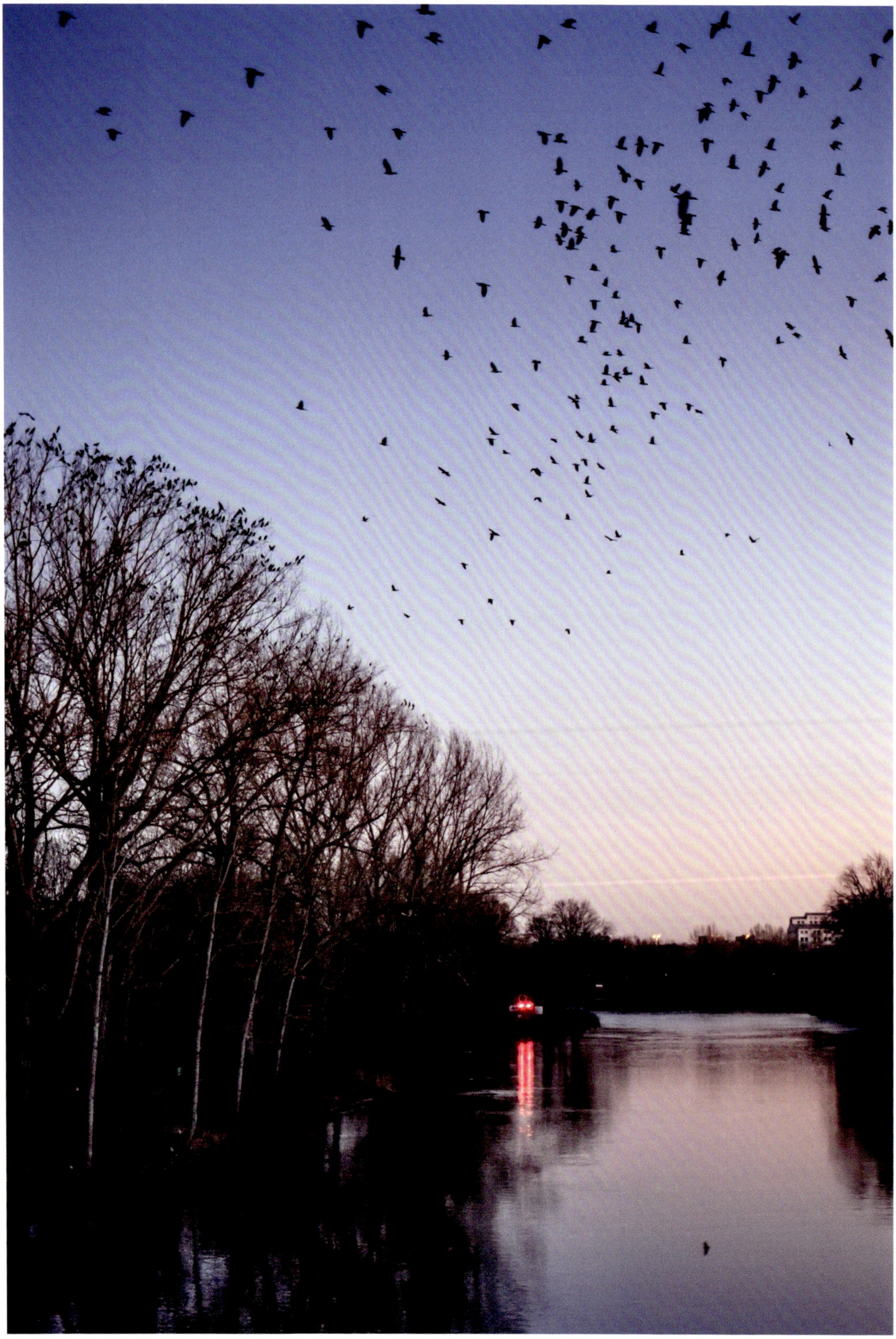

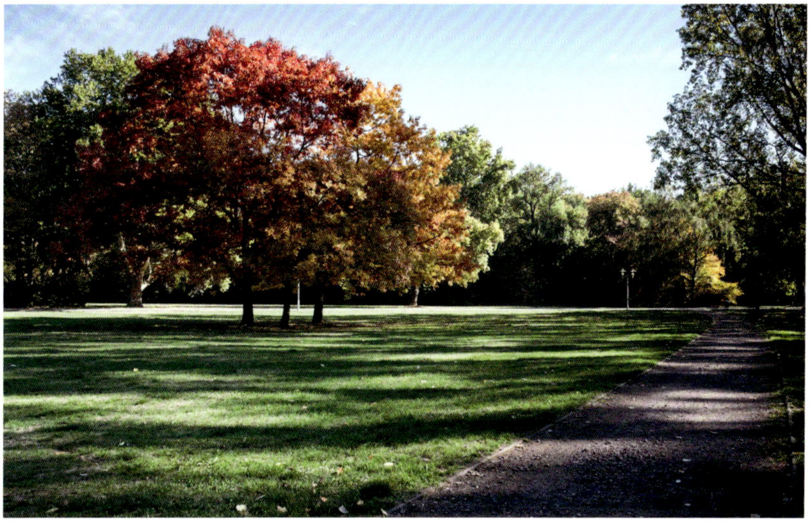

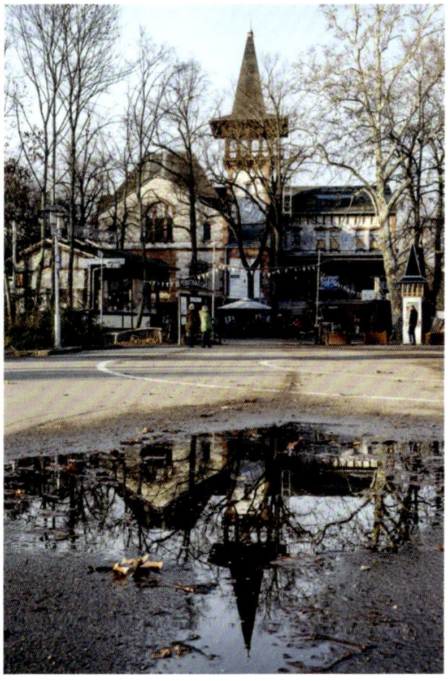

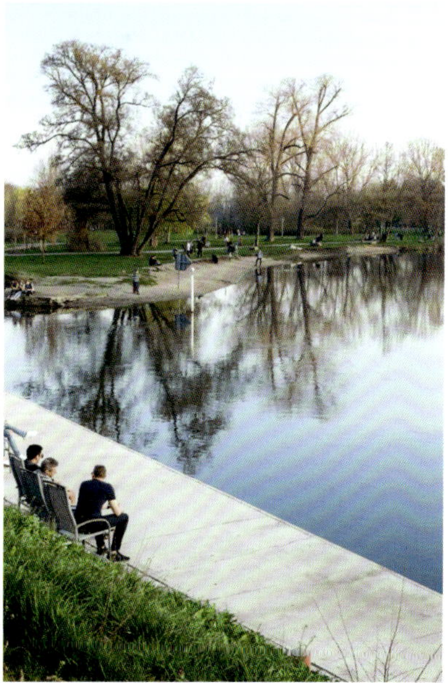

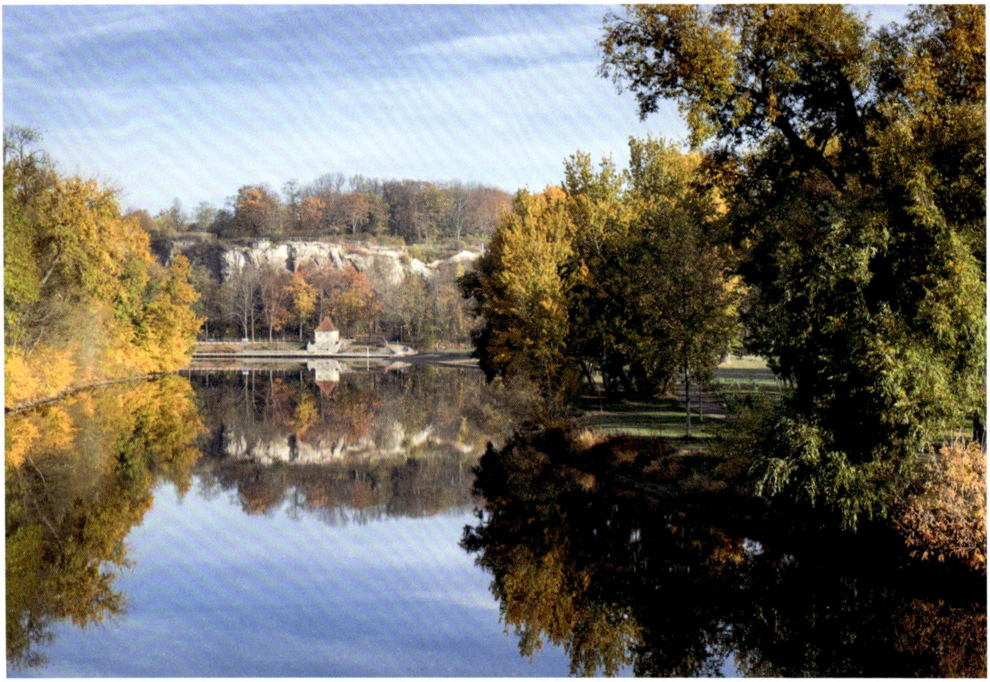

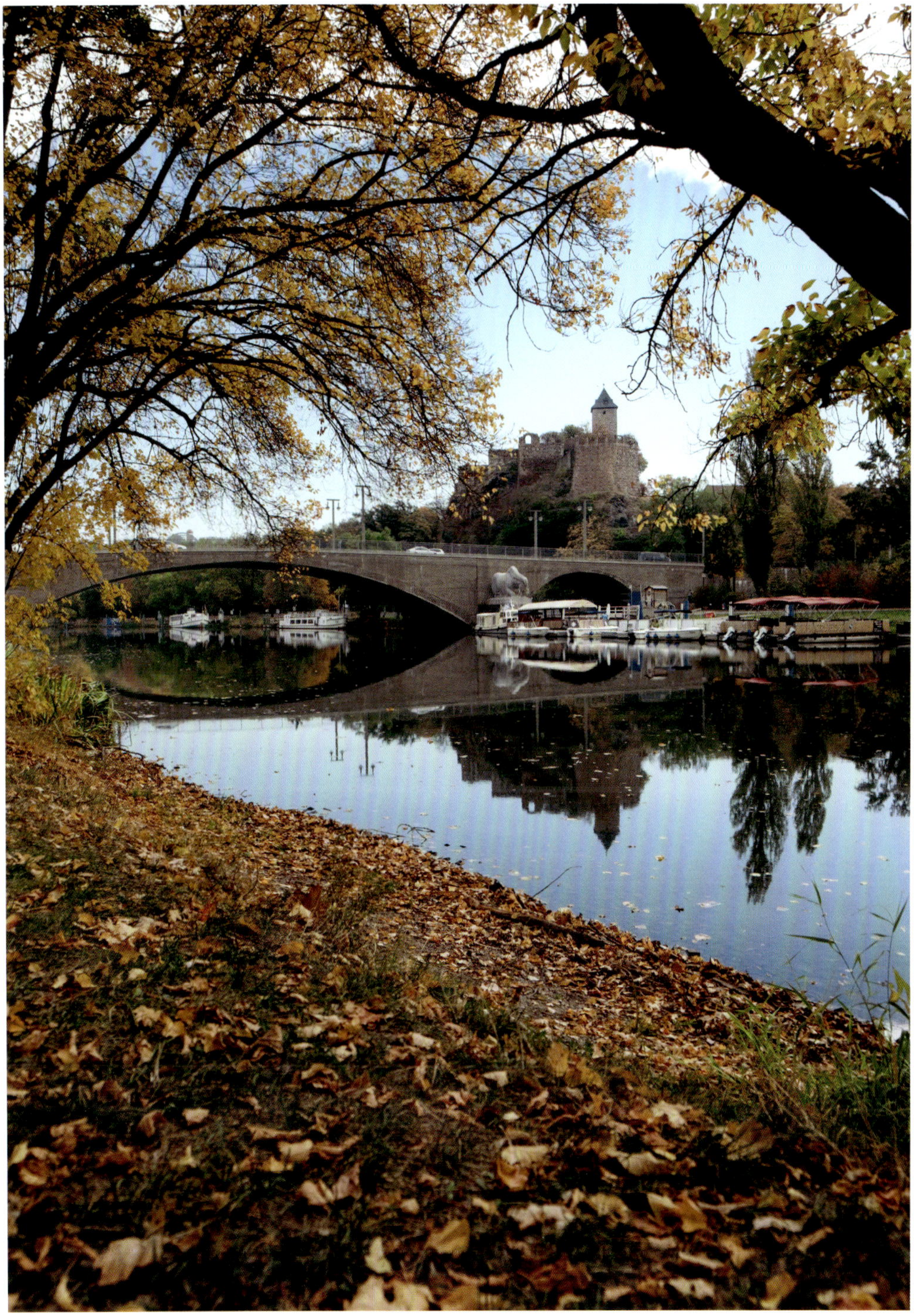

Mondscheinfahrt

Ich rudere die Saale flussabwärts Richtung Giebichenstein zur Kröllwitzer Brücke. An der Brüstung grüßen mich die stummen Wächter über Stadt und Land, das in Stein gehauene Pferd und die Kuh. Dahinter beginnen die Felsen, auf denen Joseph von Eichendorff wandelte und sich in seiner Jugend in dieses Plätzchen verliebte. Ich steige die Stufen zum Klausberg hinauf und stelle mir vor, wie es vor langer Zeit gewesen sein mag. *An der Saale hellem Strande.* Der wunderbare Blick auf die Ruinen der Oberburg und den sanft geschwungenen Flusslauf machen es mir leicht, die Gedanken schweifen zu lassen und auszuruhen. So manche Nacht habe ich mit Freunden von dort oben beim Feuerschein in die Sterne geschaut und den Mond silbern im Wasser wandern sehen.

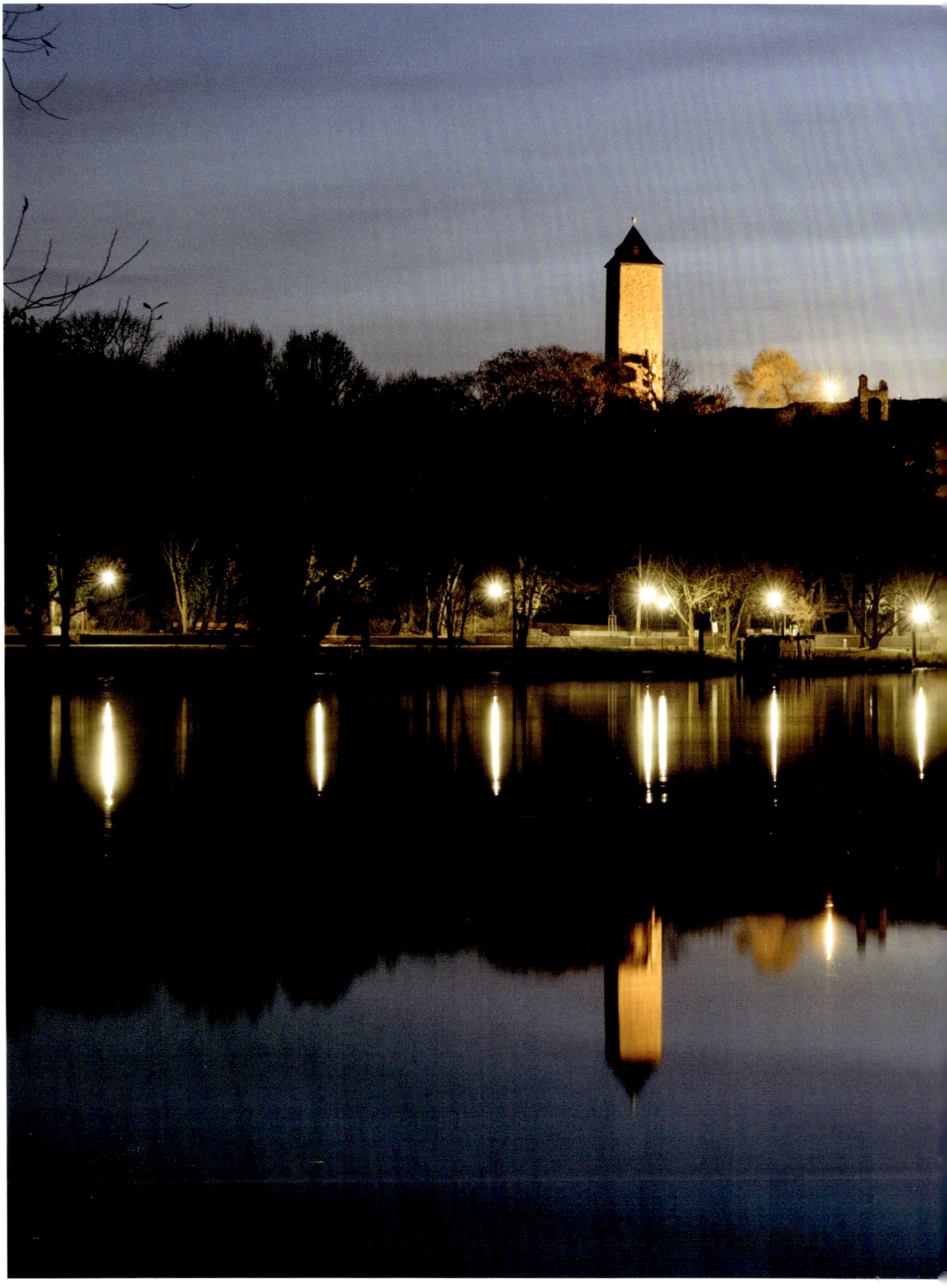

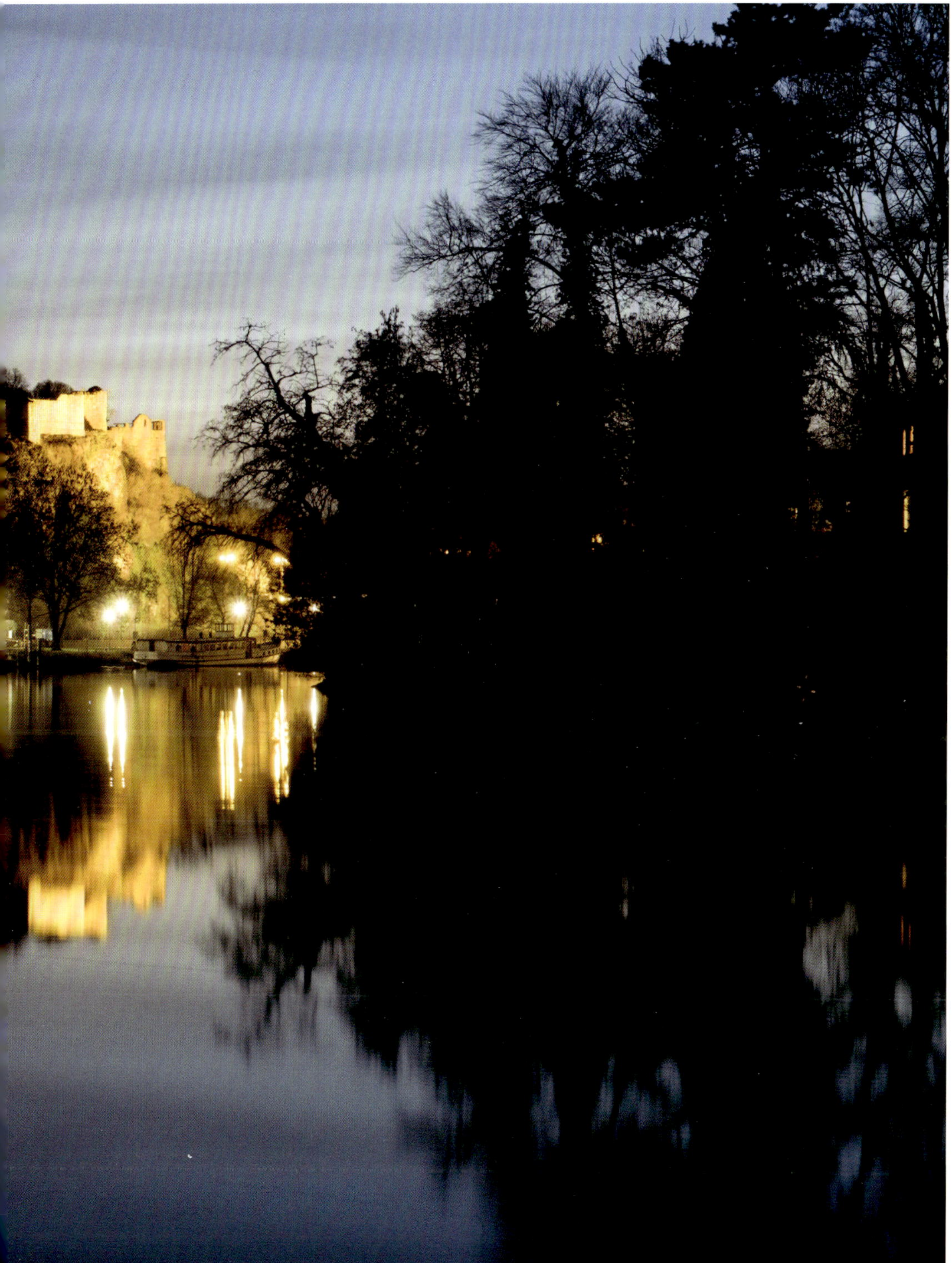

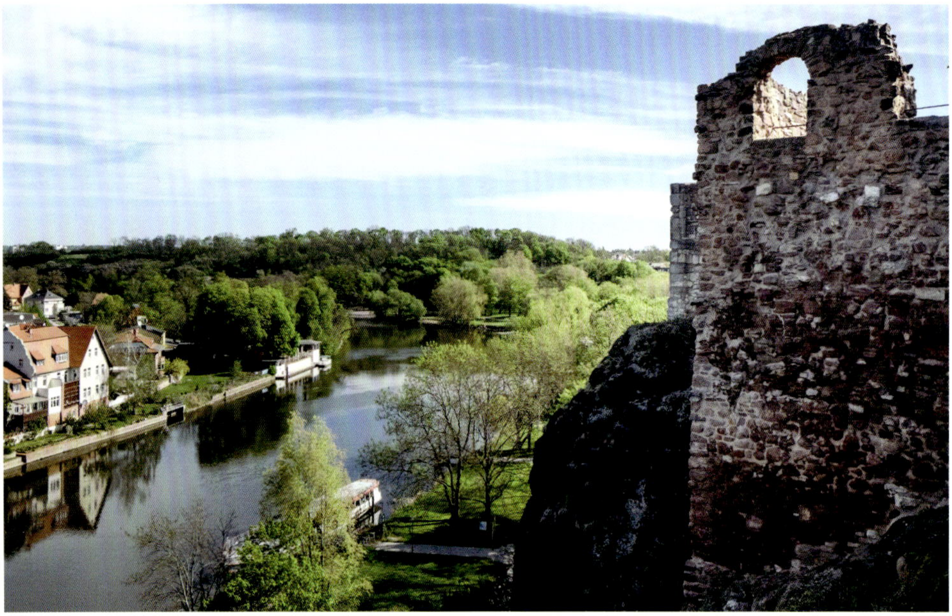

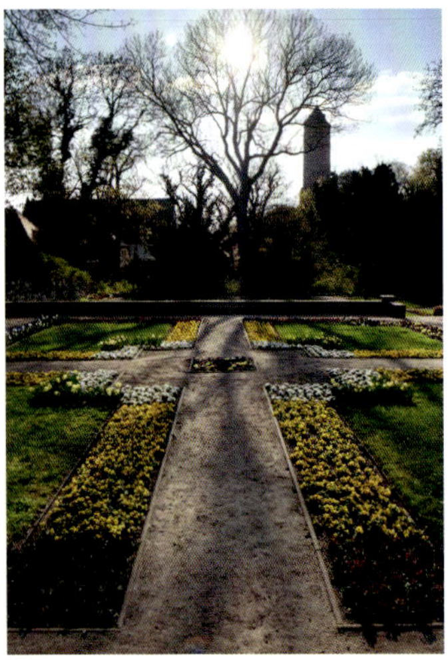

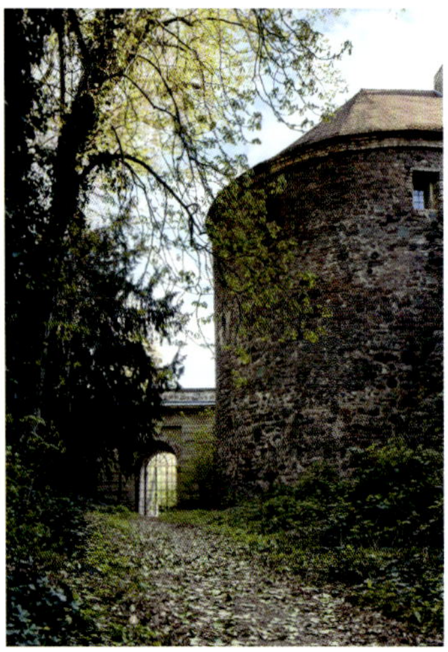

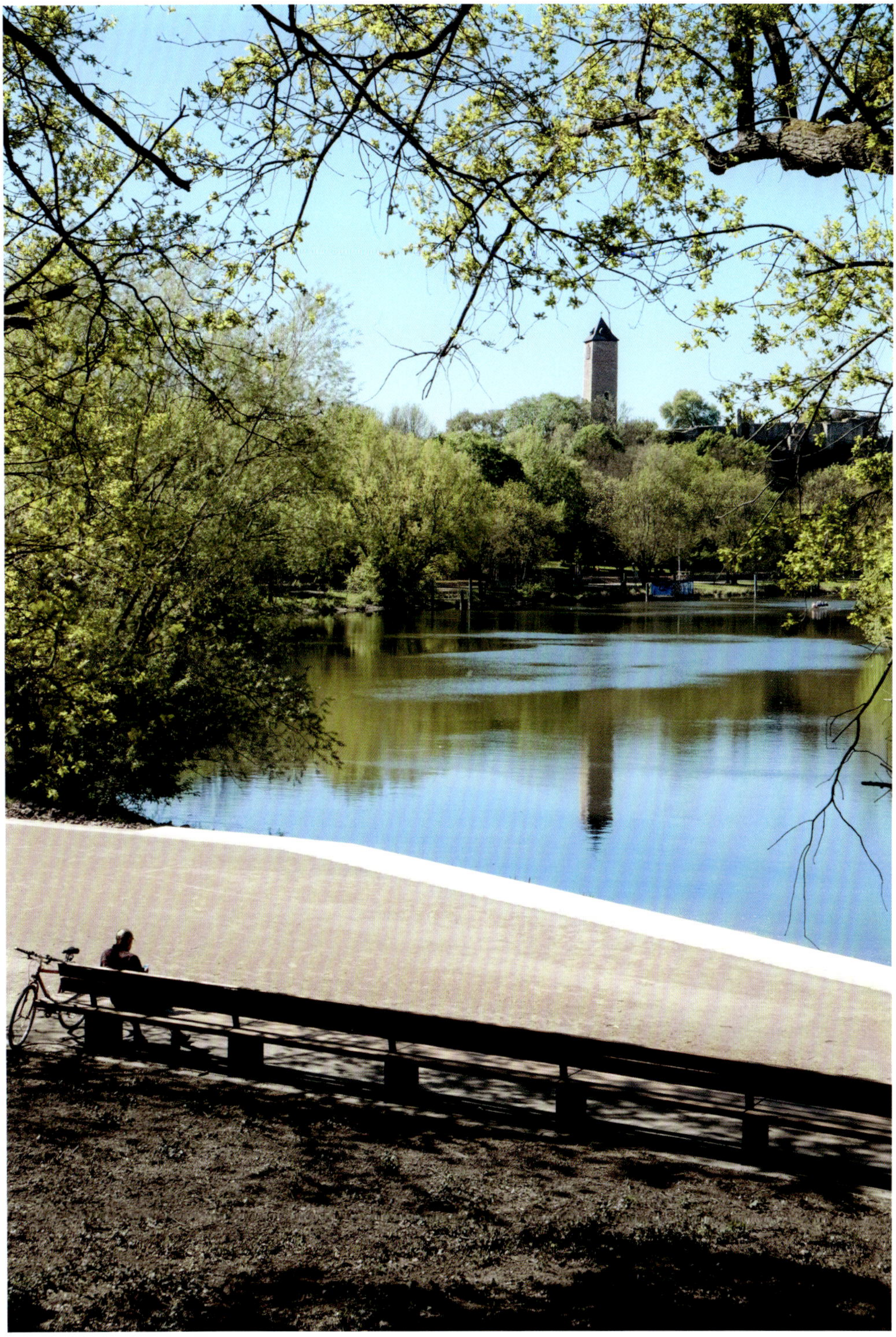

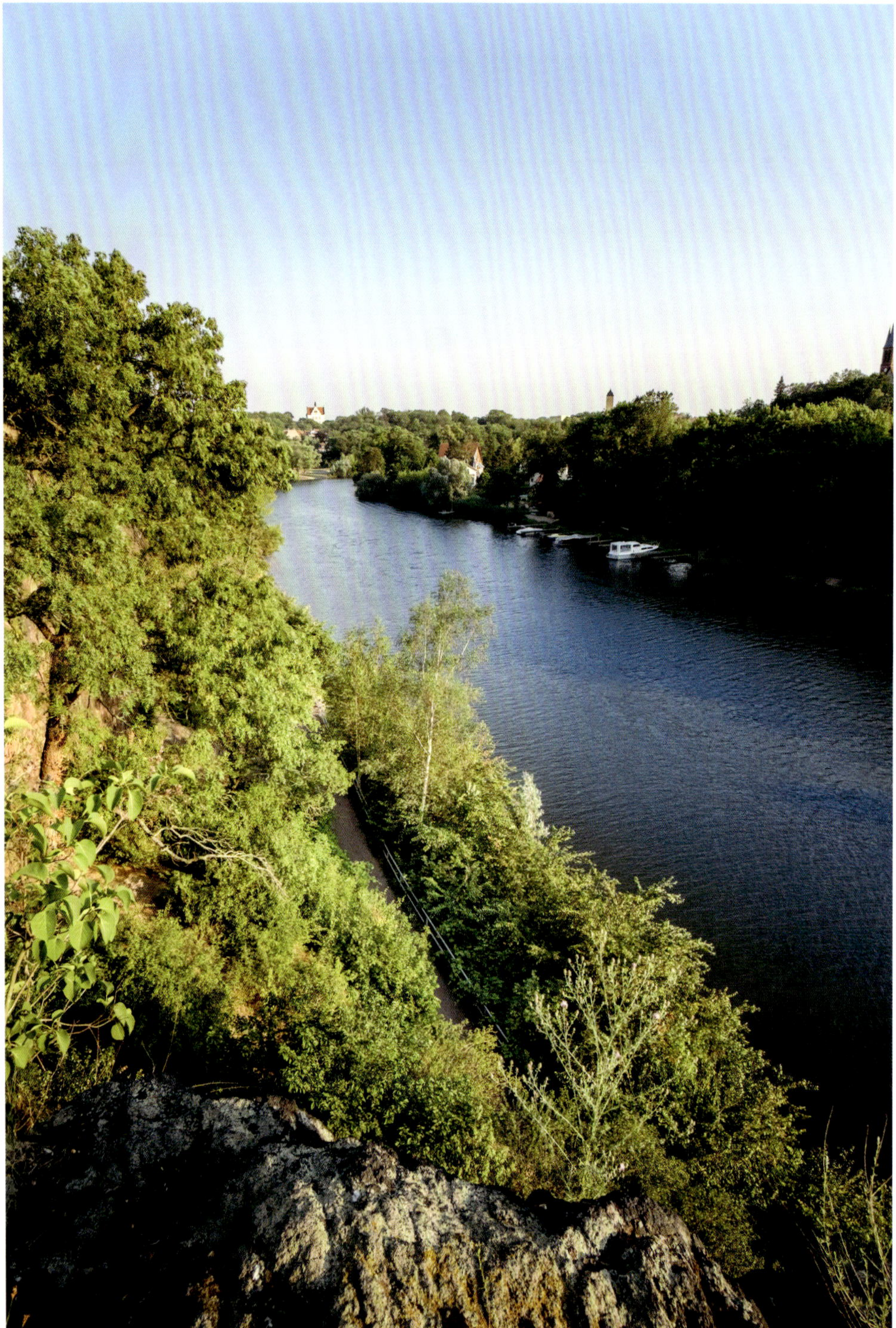

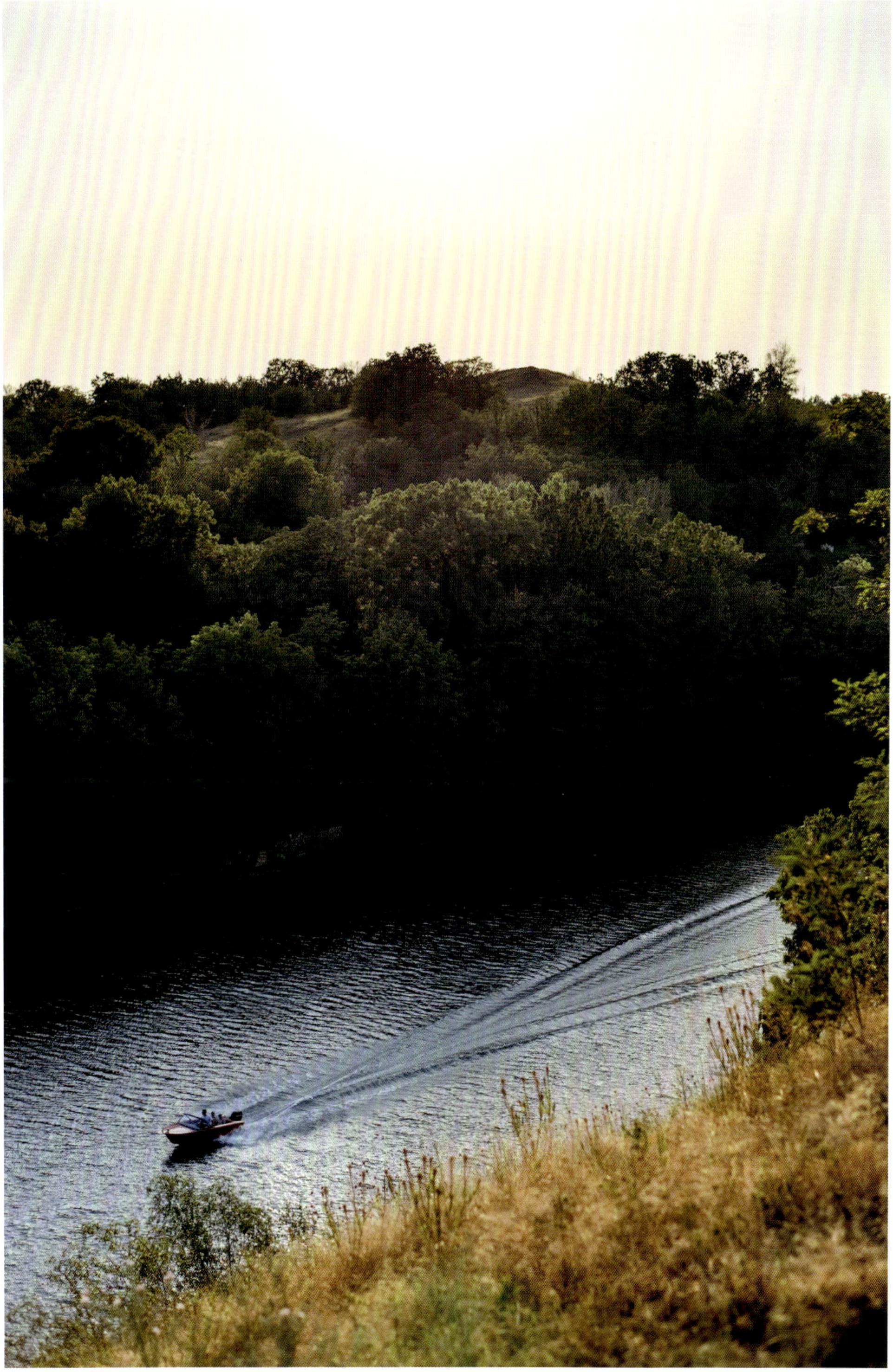

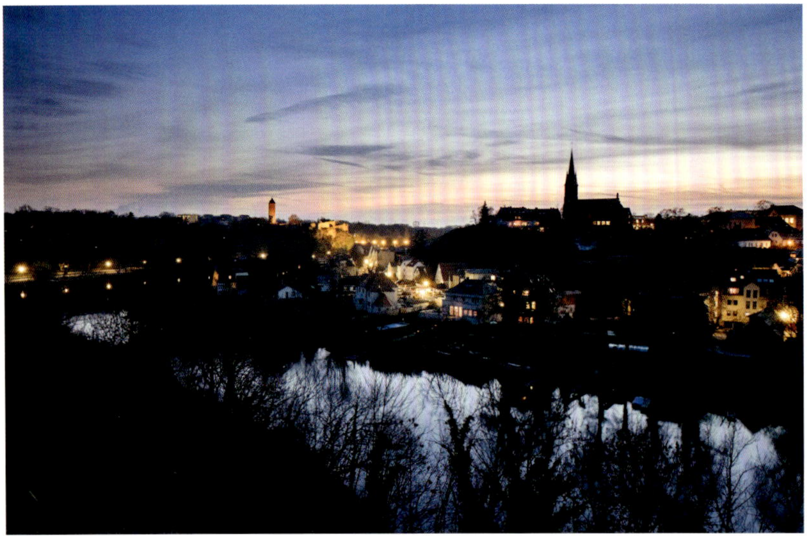

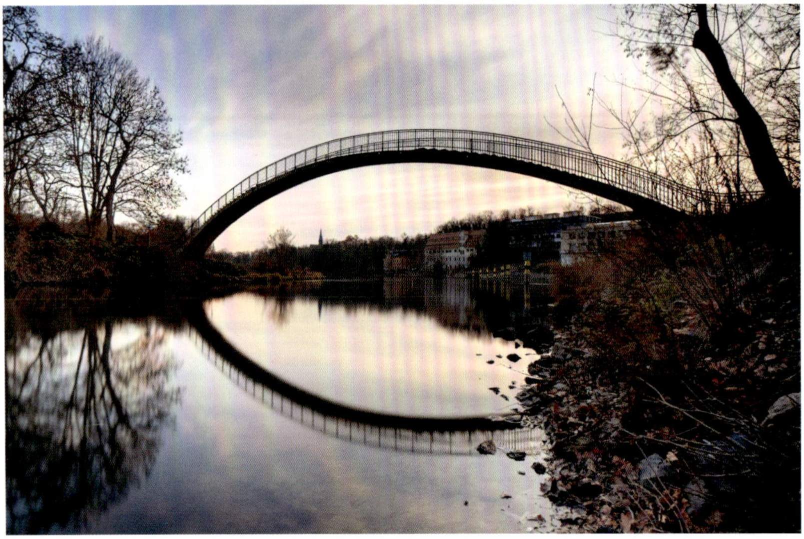

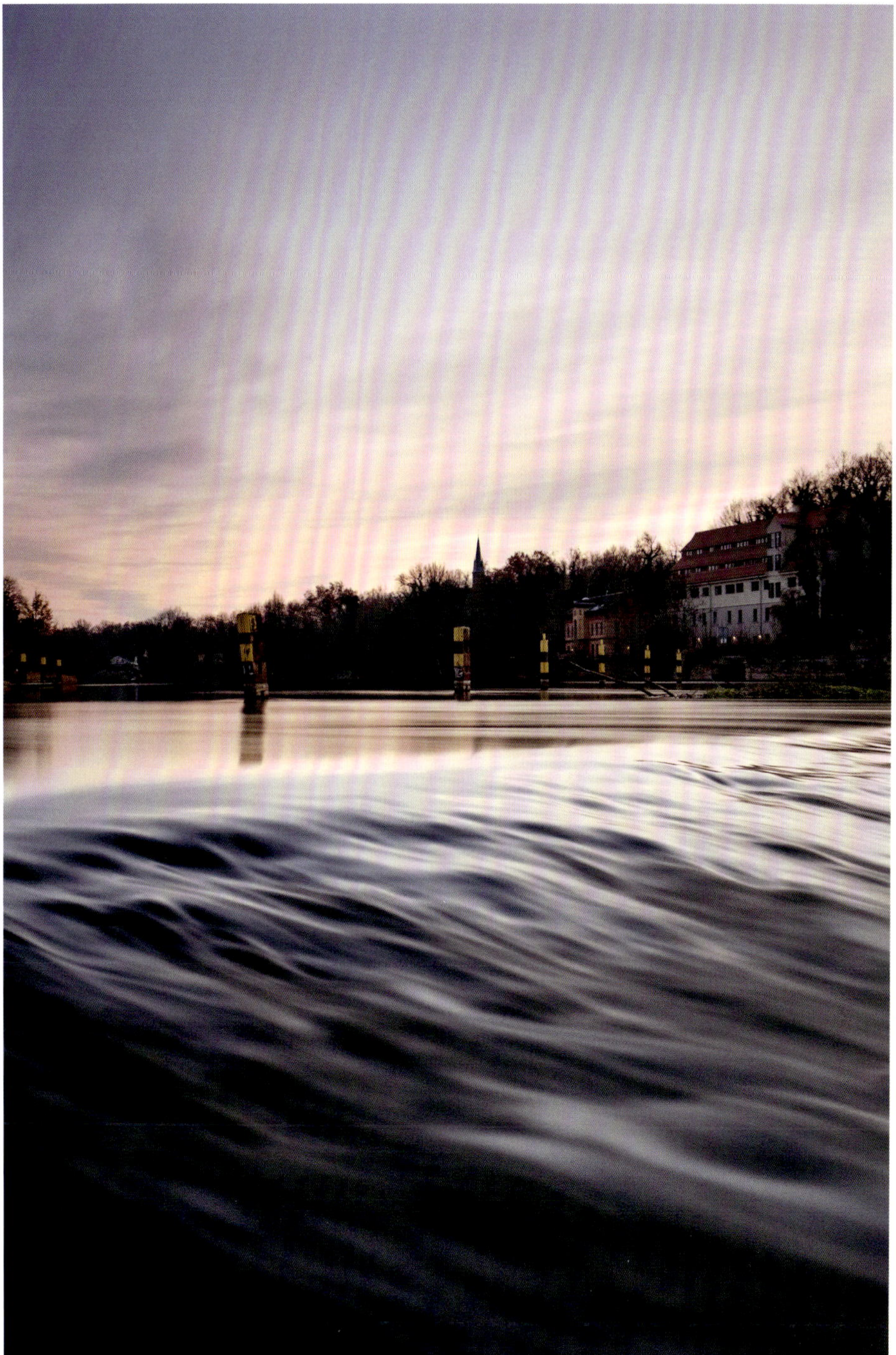

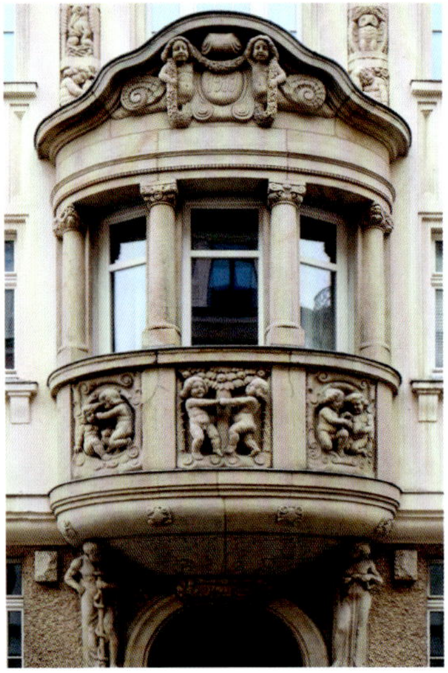

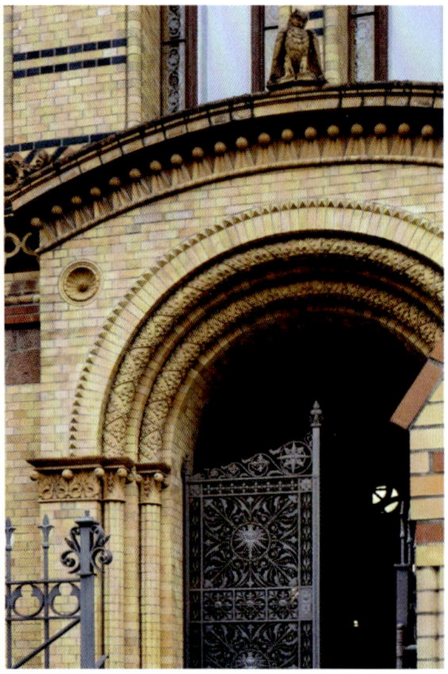

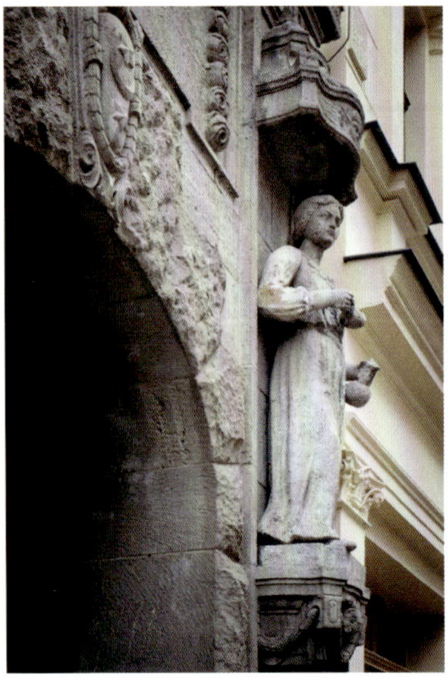

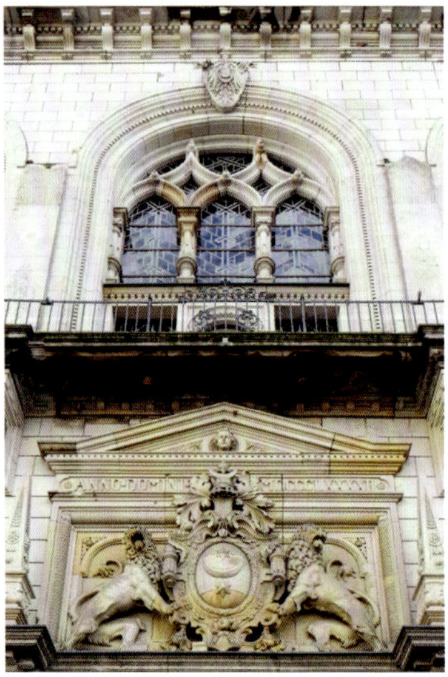

Ich fliege ein, ich fliege hoch

Kennst du die Geschichte dieses Hauses? Über dem Eingangsportal wiegen sich im Glasfenster elf Schwalben in der Luft. Ich träume mich mit den Schwalben in die Weite, in die Innenräume, in die Außenräume, in das Flüchtige, sich Auflösende. Über der Ulestraße sprühen Flugzeuge ihre Kondensstreifen als weißgeflockte Bahn an den Sonntagshimmel. Dort oben im Flugzeug luge ich hinaus, sehe leichten Nebel die Stadt bedecken. Ich sehe das Aderwerk der Straßennetze, eine gewachsene Landschaft, ahne die Risse und Wurzeln, ausgefransten Ränder des Paradieses, Gefälltes und Neugepflanztes. Ich bin eine andere, weiß nichts über diesen Ort und fliege in zweitausend Meter Höhe darüber hinweg zur nächsten Stadt, zum nächsten Meer, ins nächste Land. Dann lande ich, komme von meiner Reise zurück. In den Lücken, den abgerissenen Teilen zwischen den hundertjährigen Häuserriesen ist Neues entstanden. Hightech-Architektur aus Glas und grauem Stahlbeton beherbergt Forschungsorte der Universität zum Studieren, Lehren, sich spezialisieren und in die Zukunft sehen. Die Forscher, sie bleiben eine Woche, einen Sommer, ein Jahr. So schnell sie eingeflogen sind, fliegen sie wieder aus nach Barcelona, London und Paris und wer weiß wohin noch auf diesem Globus.

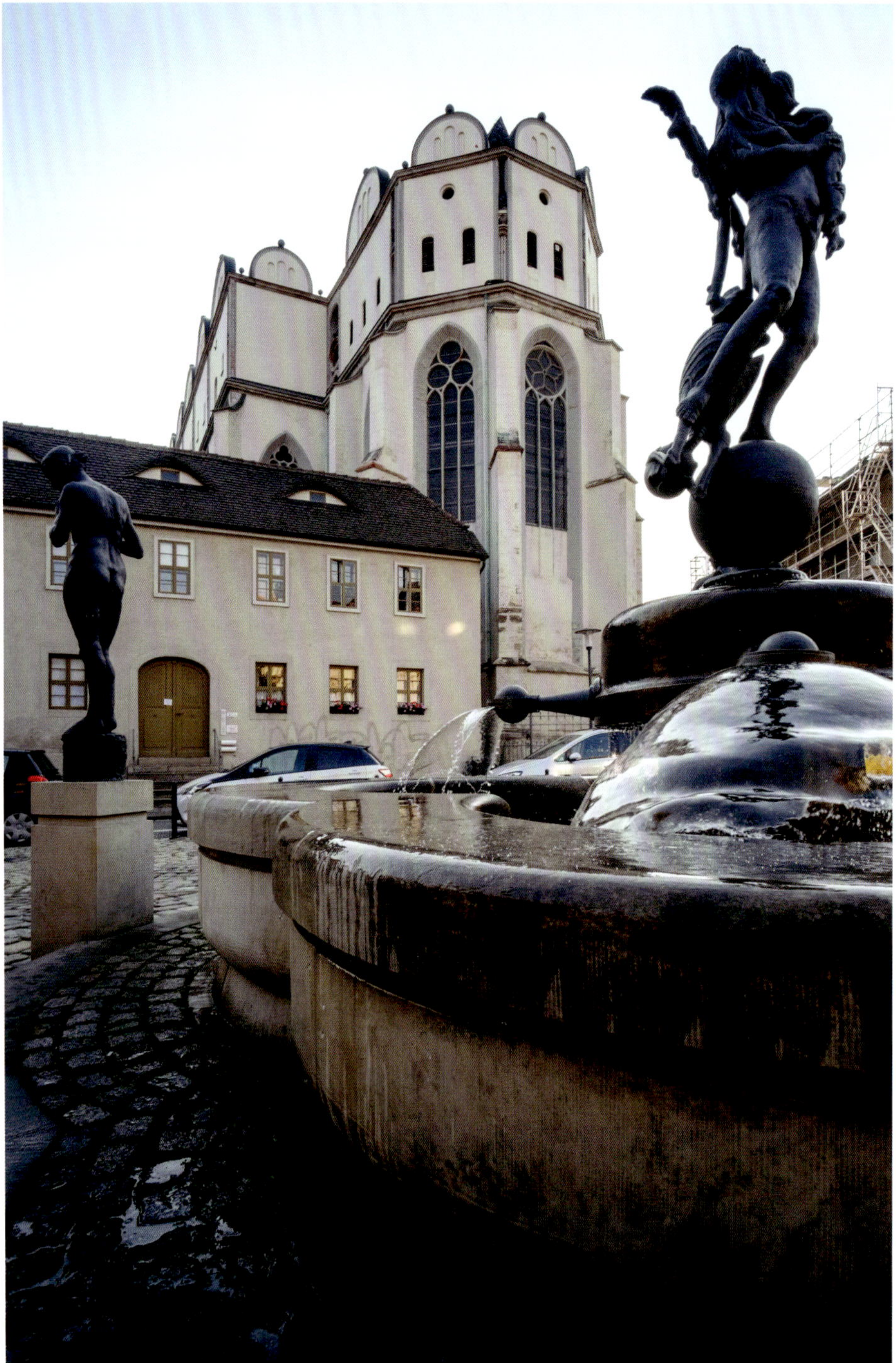

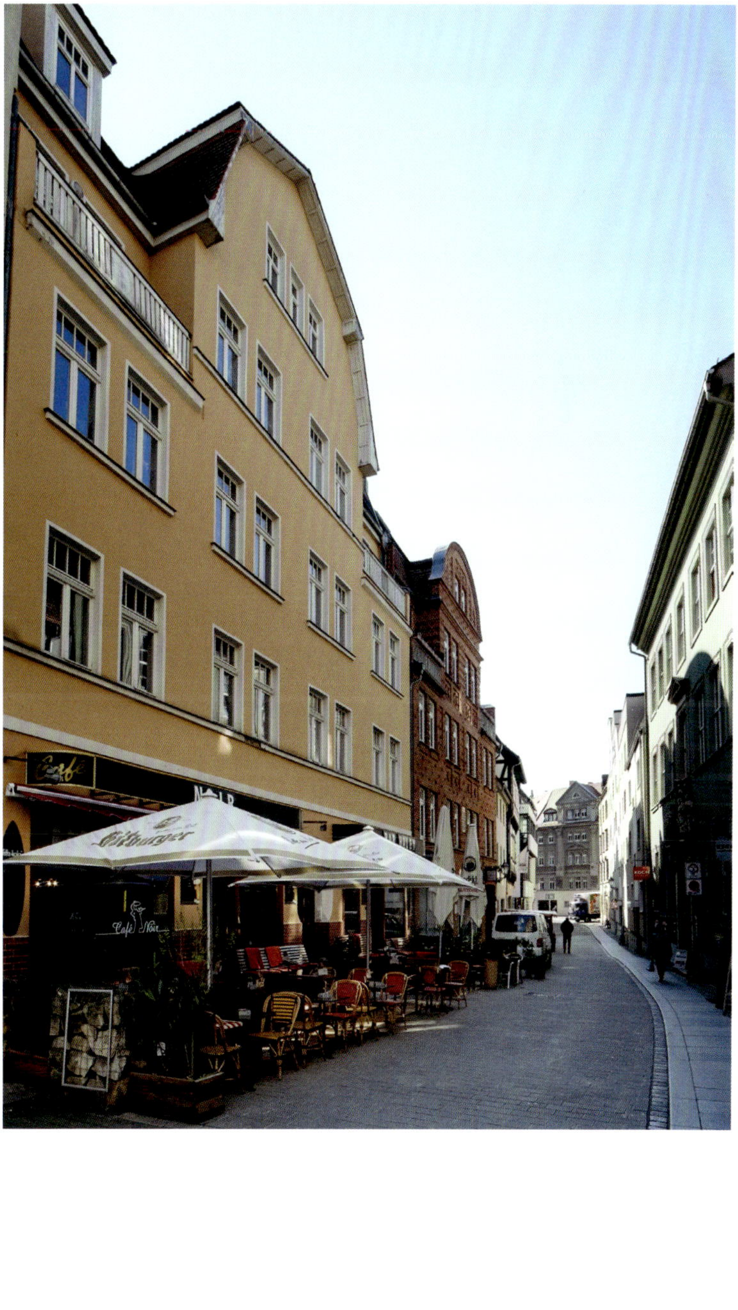

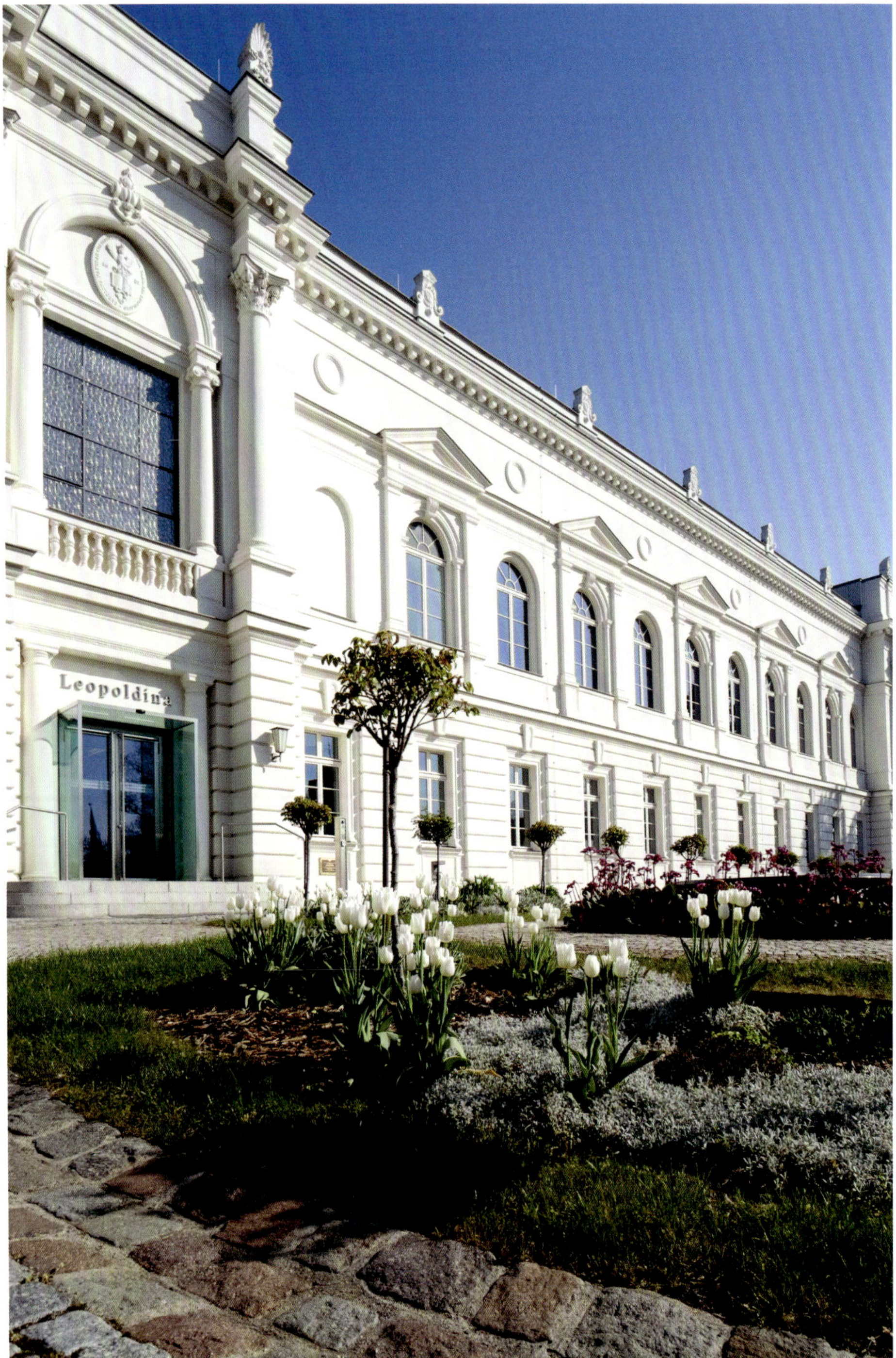
Leopoldina

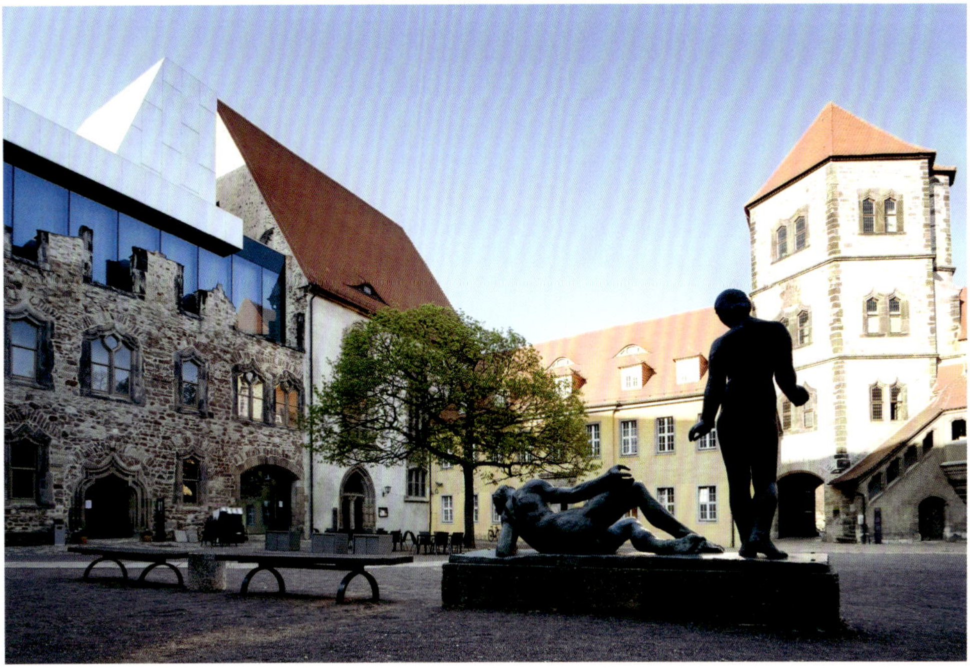

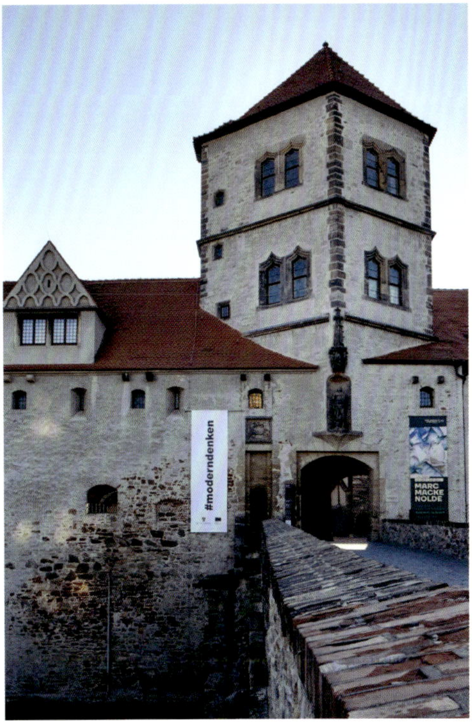
#moderndenken
MARC
MACKE
NOLDE

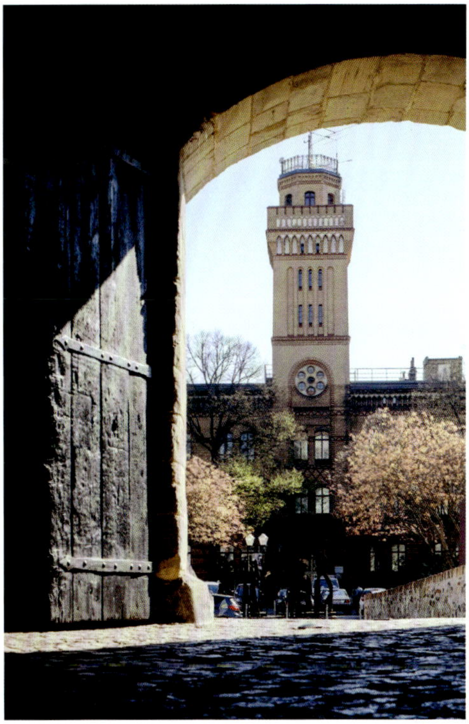

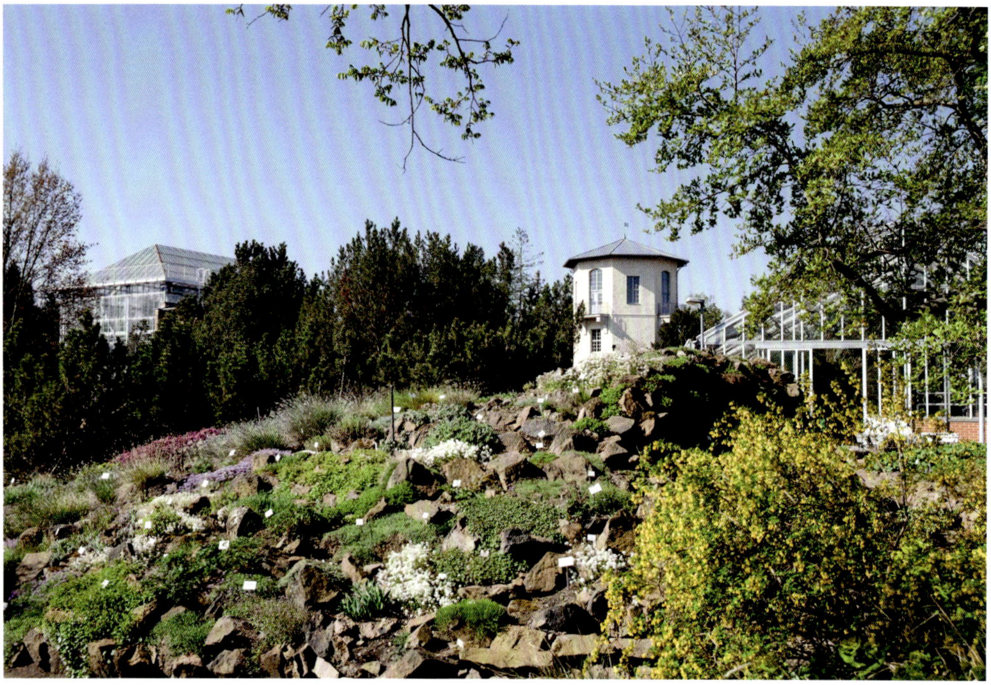

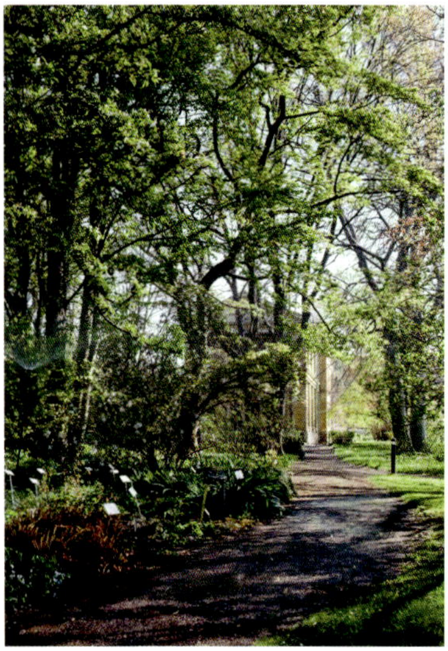

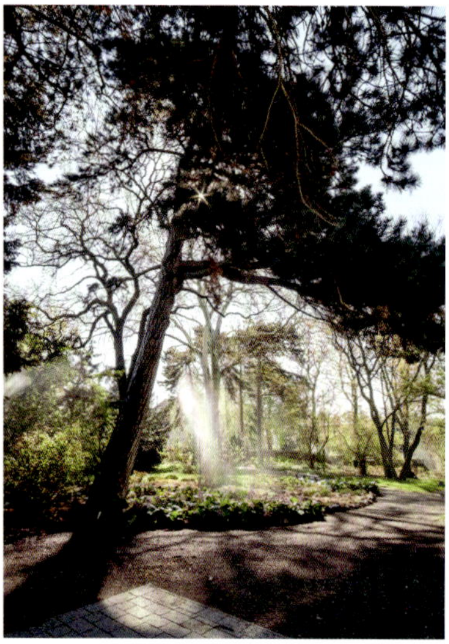

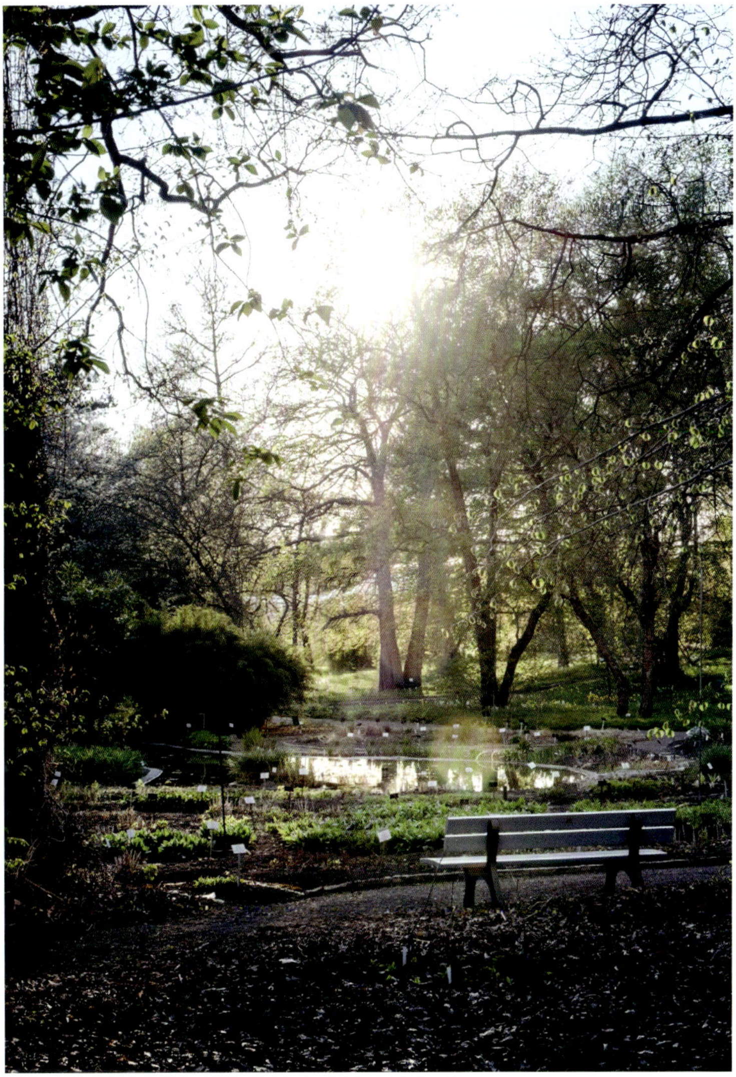

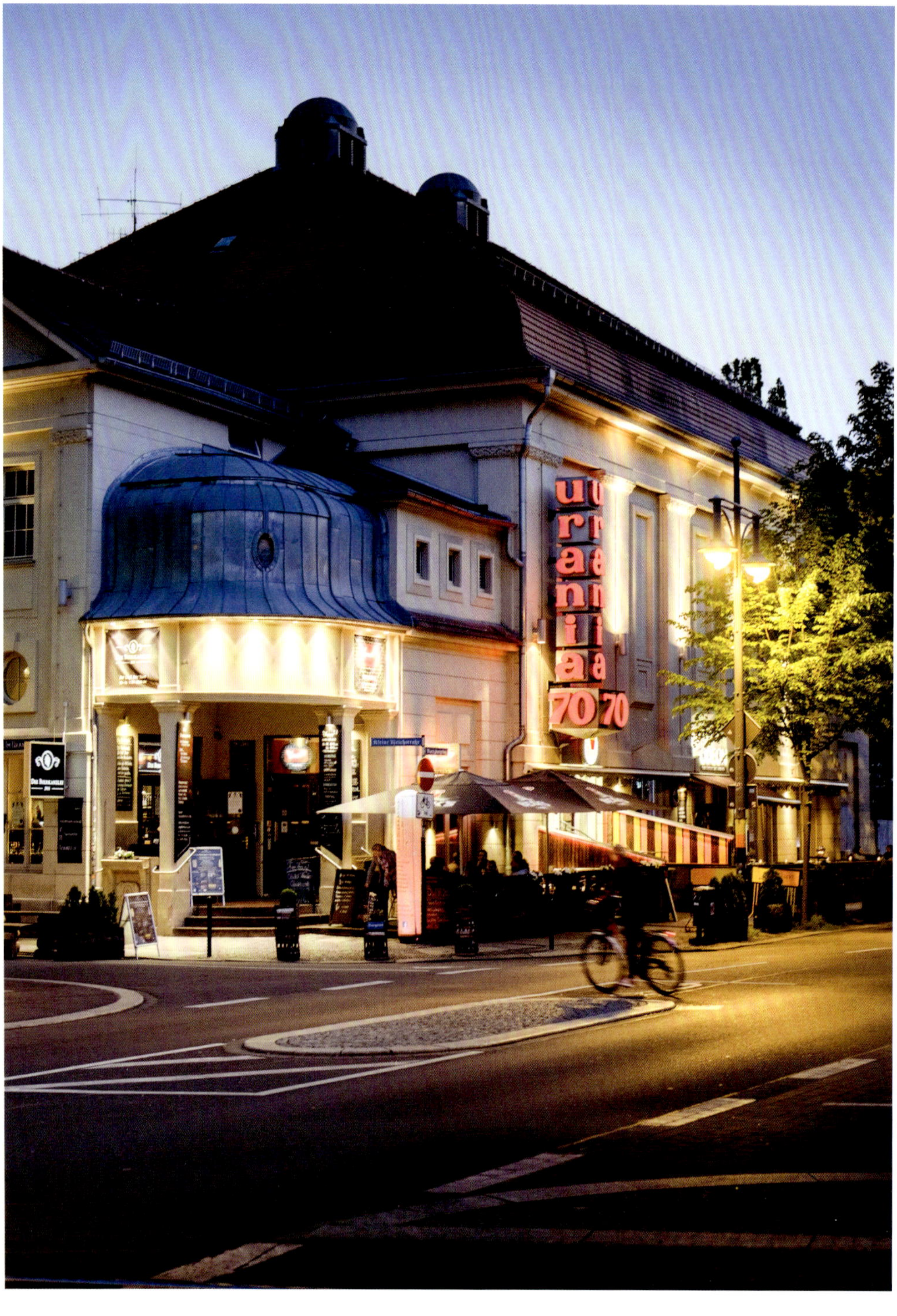
urania
urania
70
70

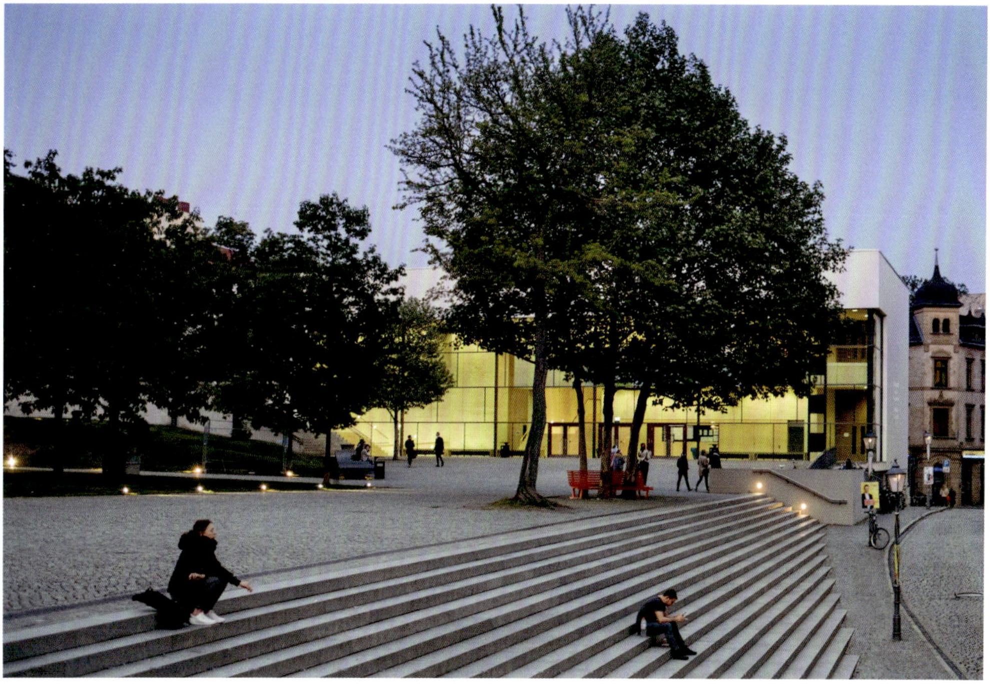

Große Ulrichstraße mit »Café nt« *Kleinschmieden und Roter Turm*

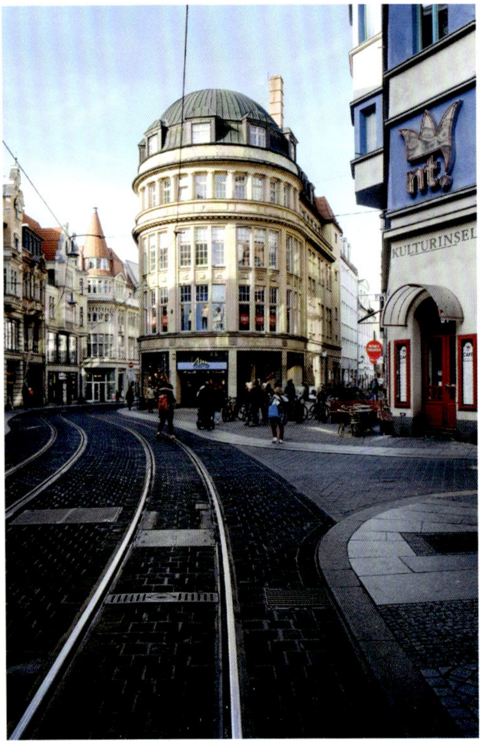

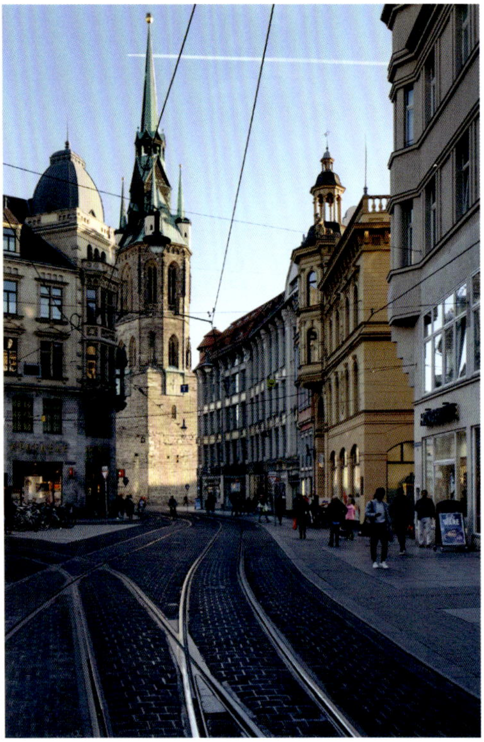

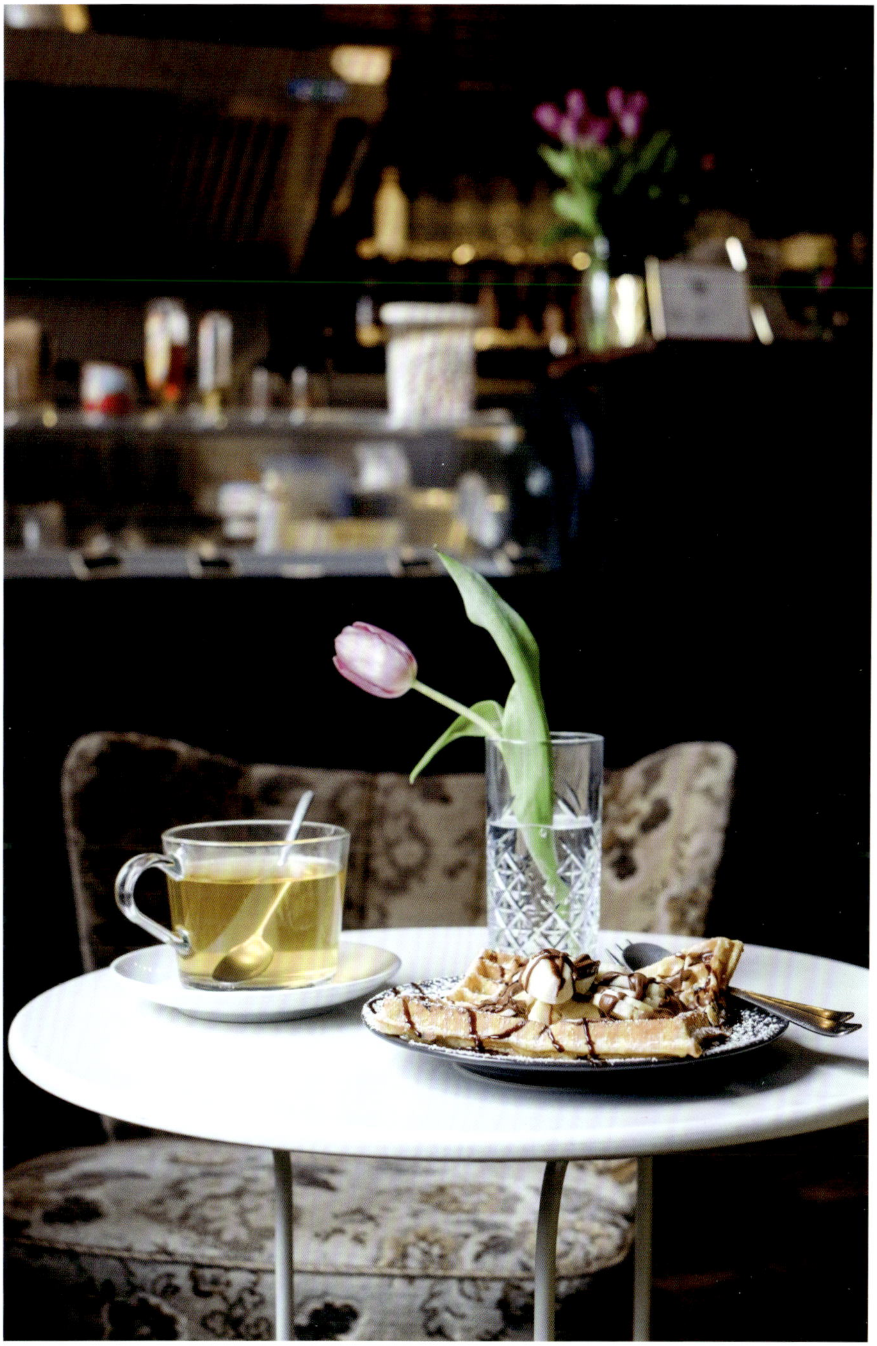

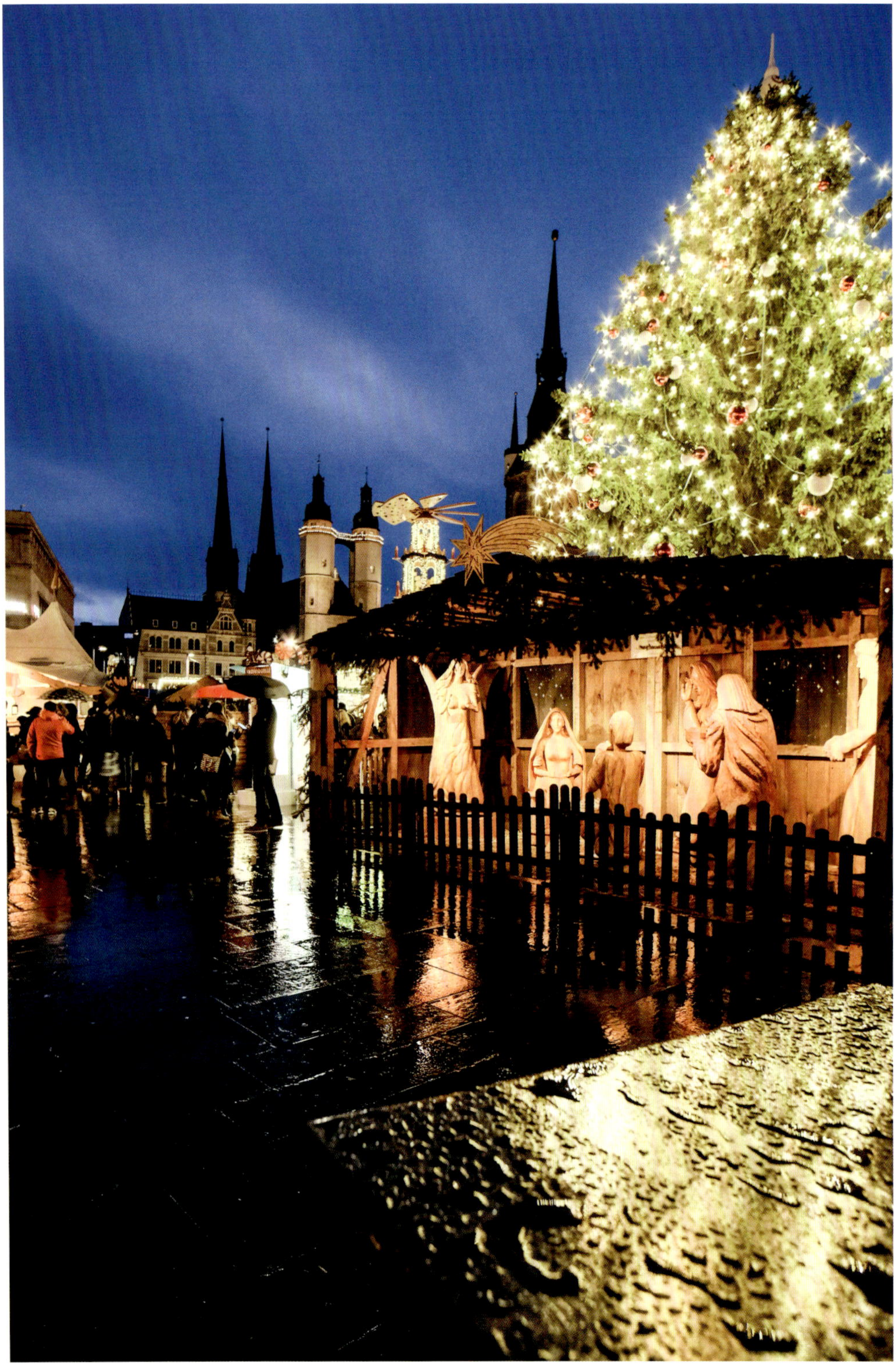

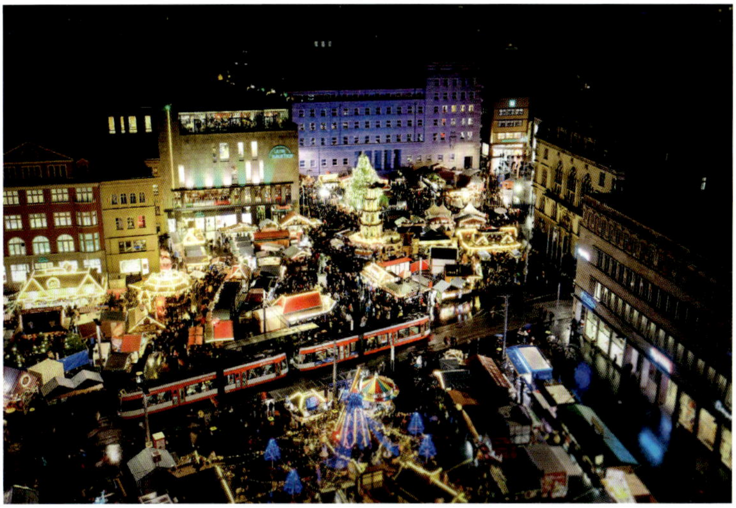

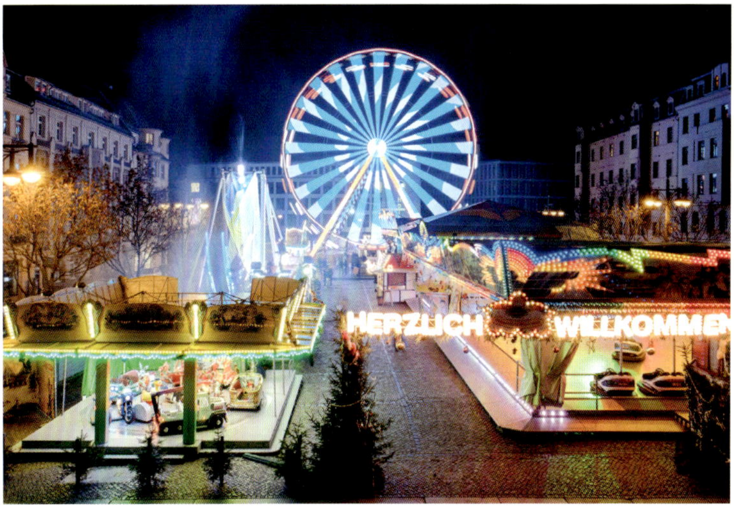
HERZLICH WILLKOMMEN

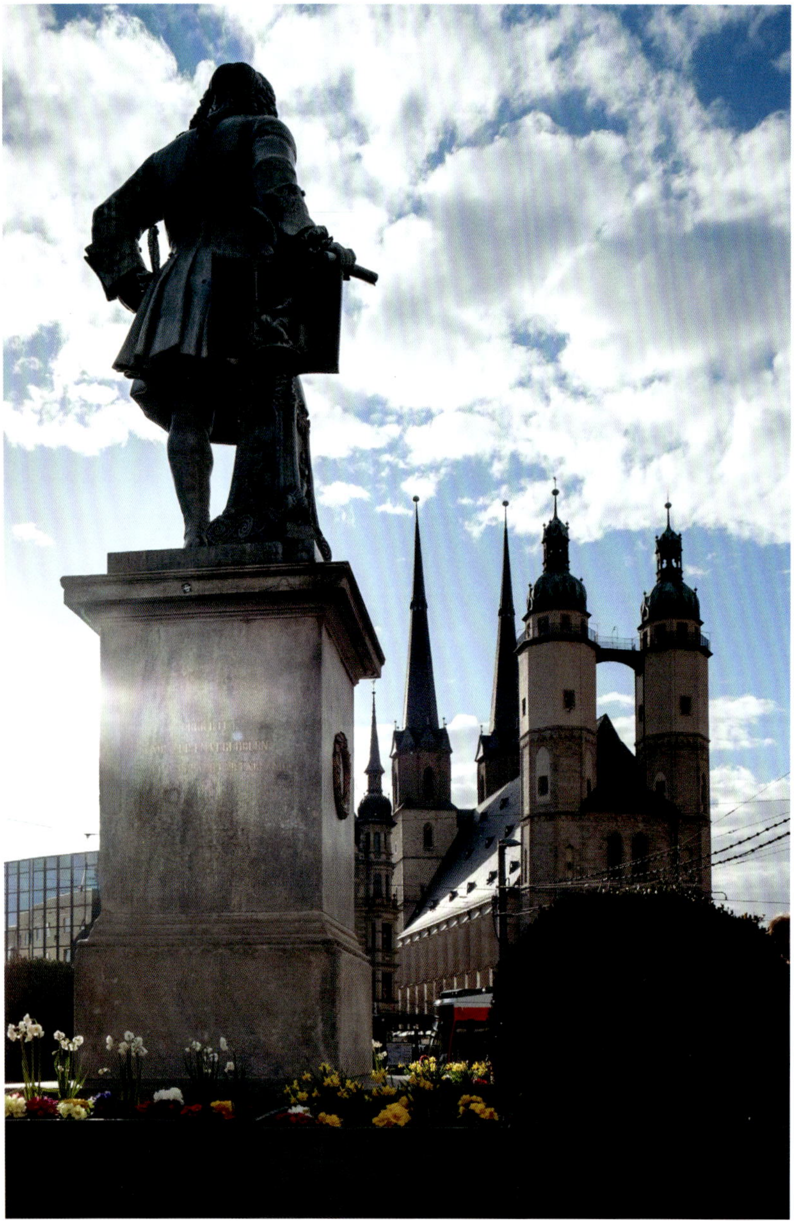

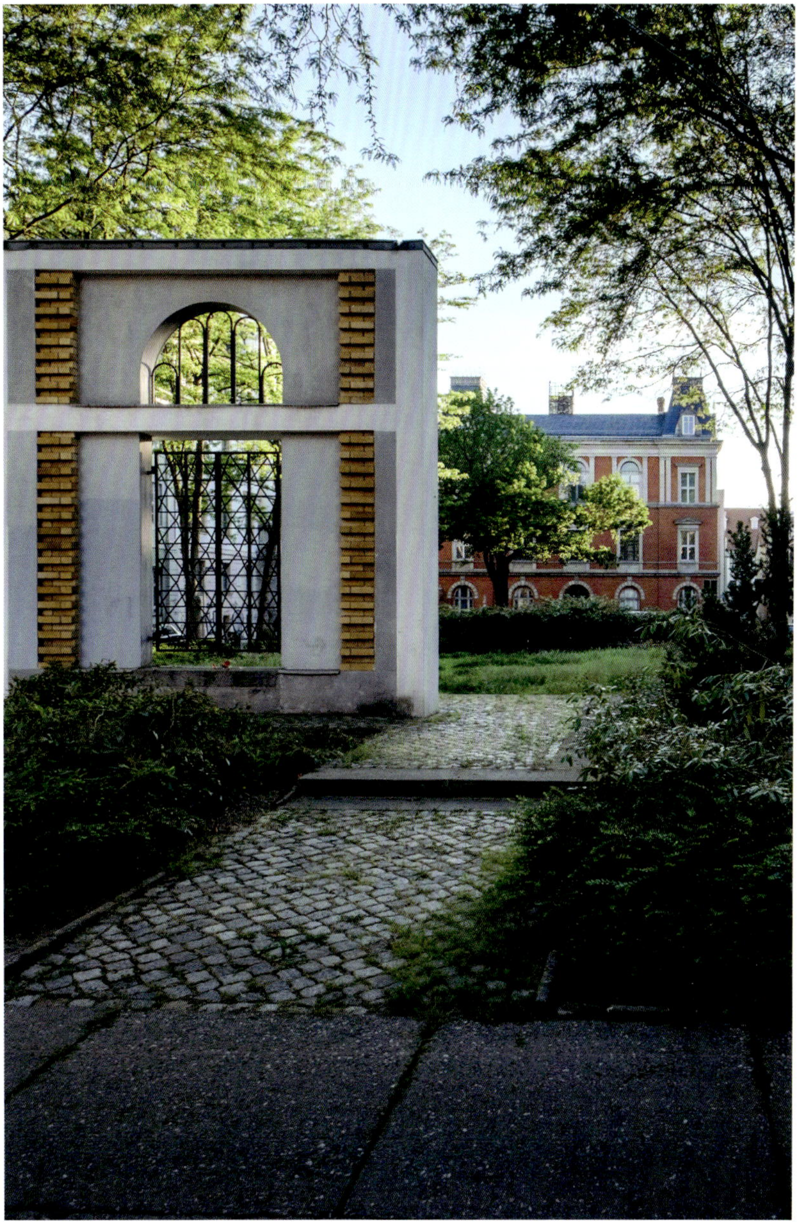

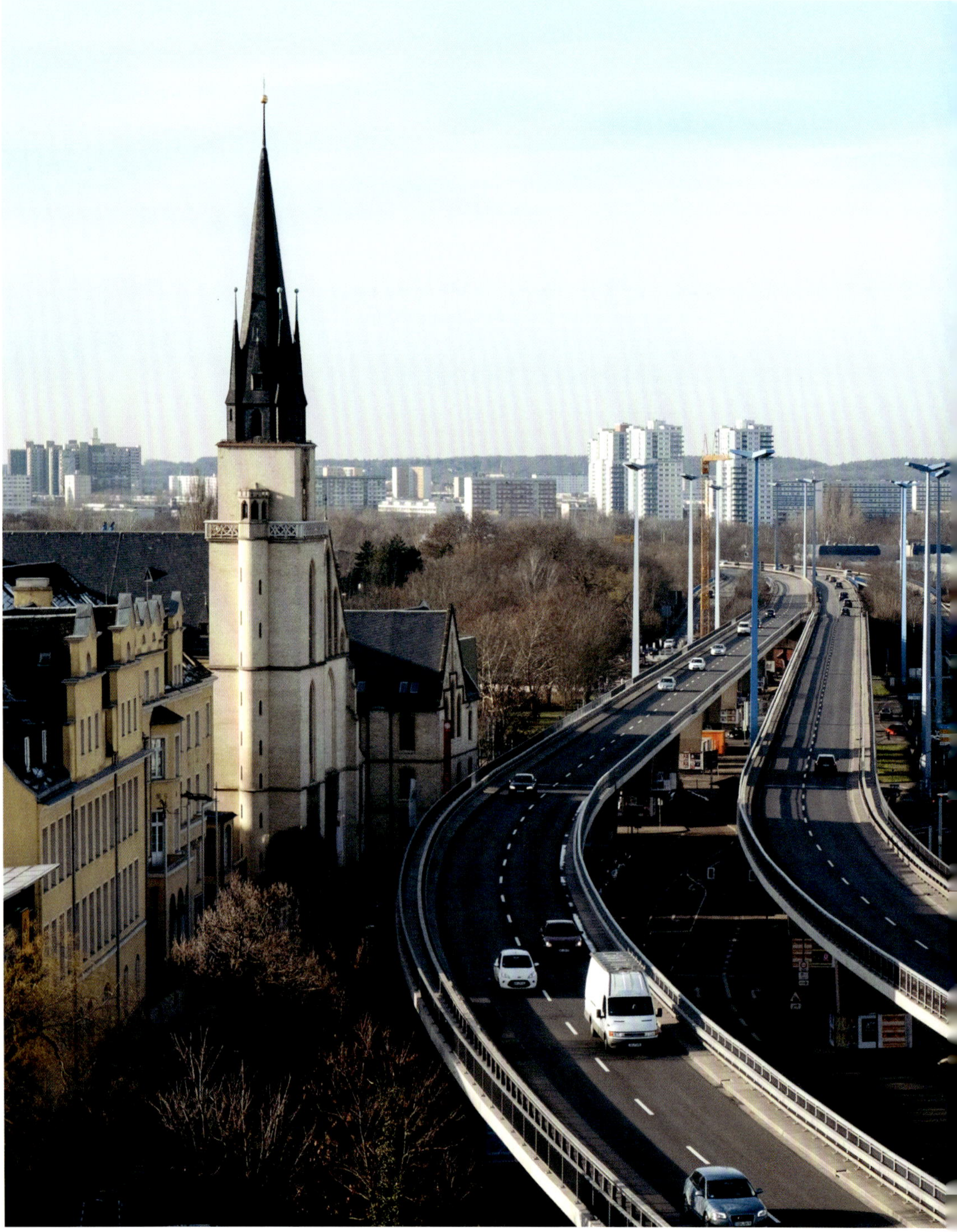

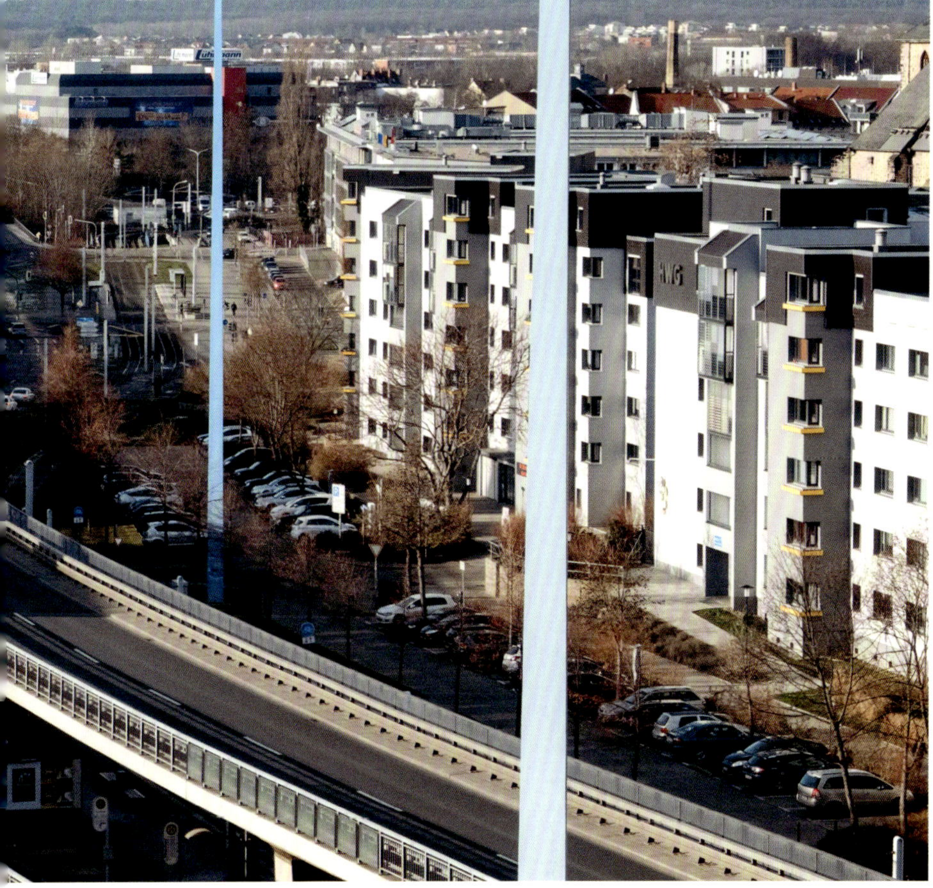

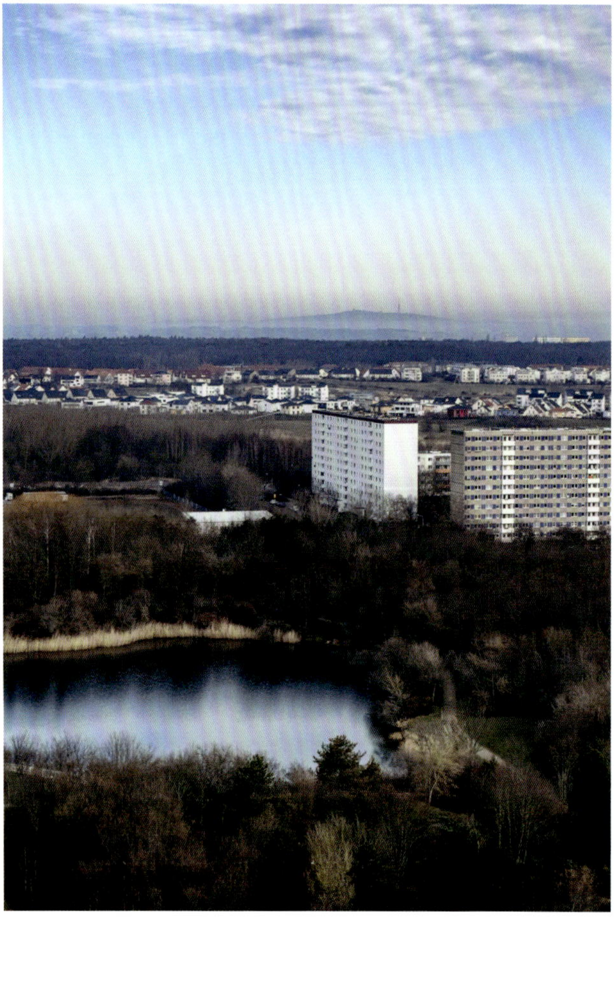

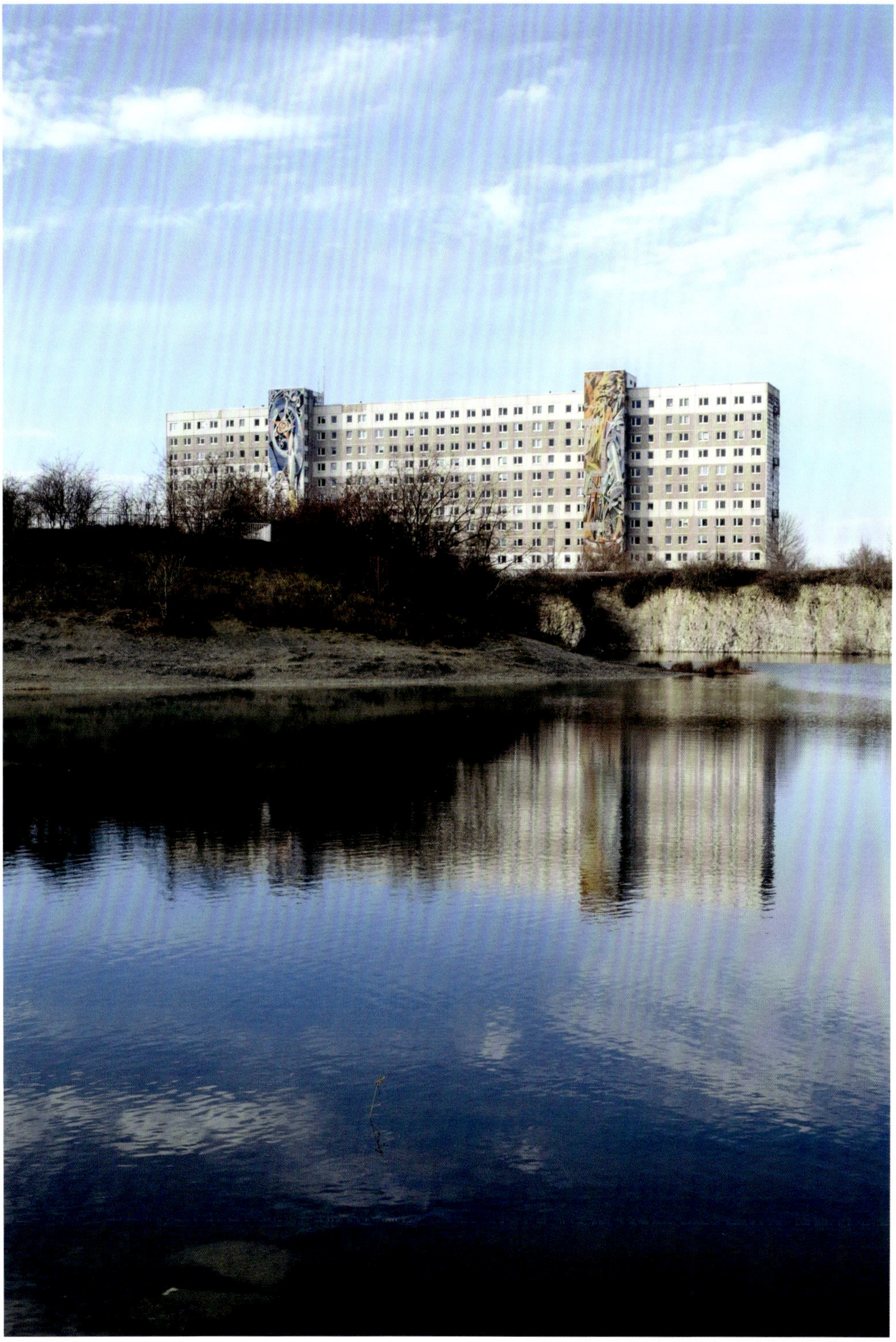

Auf Balkonien in Betonriesen

Am Salinemuseum vorbei, dort, wo noch heute das kostbare Salz gewirkt wird, führt mich mein Weg nach Neustadt. Plötzlich sind die Häuser zehn- bis sechzehnstöckig. Im rechten Winkel erbaut, gaben sie in den Siebziger Jahren das Idealbild des sozialistischen Städtebaus ab. Am Skaterpark bestaune ich die Salti der Neustadtjungs. Sie machen eine lässige Figur auf ihren BMX-Bikes. Direkt nebenan auf der ungepflegten Grünfläche finde ich das Denkmal »Aufbauhelfer« und entziffere zwischen Graffitiresten die rosarote Losung: »Die Bürger gestalten ihre Stadt tätig mit.« Afrikaner, die billige Taschen verkaufen, viele alte Menschen mit ihrem Rollator, überfüllte Balkons geschmückt mit Plastikhirschen und neonfarbenen Glühbirnen. Minimal Schrebergärten vor der Magistrale. Ein Rentnerpaar raucht die erste Zigarette auf Balkonien und begrüßt den Frühling. Nur ein Grünstreifen trennt sie vom nicht abreißenden Verkehrsstrom. Zentrum Neustadt. Ich gehe die Treppen des toten Plattenbauriesen Scheibe A hinauf und wundere mich, dass hier nicht abgesperrt ist. Sprüche an den rissigen Wänden, Schutt und Taubenmist. Der Bruchsee inmitten der Landschaft aus Stahl und Beton wirkt auf mich wie ein Gemälde von Salvador Dalí. Hinter dem felsigen Gestein ragen zwei Wandbilder des Sozialismus hervor. Marx wird auf einem von ihnen als brüllender Löwe gezeigt. Die Neustadt lässt mich ratlos zurück; ein »Brrr!« hat der Junge mit dem kurzgeschorenen blonden Haar gemacht, den ich auf den maroden Treppen von Scheibe A antraf. Als ich fragte, was das heißt, antwortete er: »Nichts, das kann ich dir nicht sagen«, und verschwand in den Wohnblöcken.

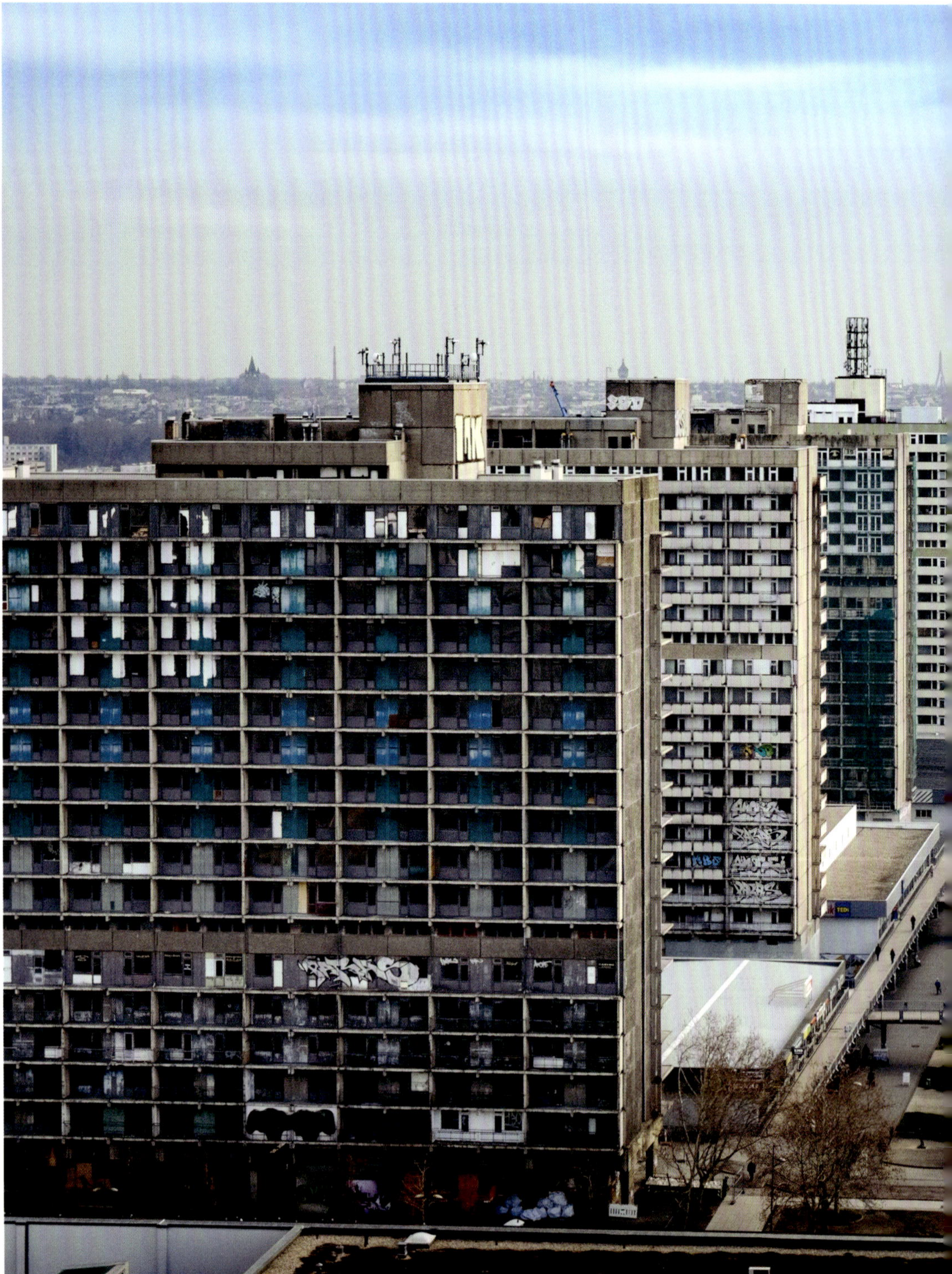

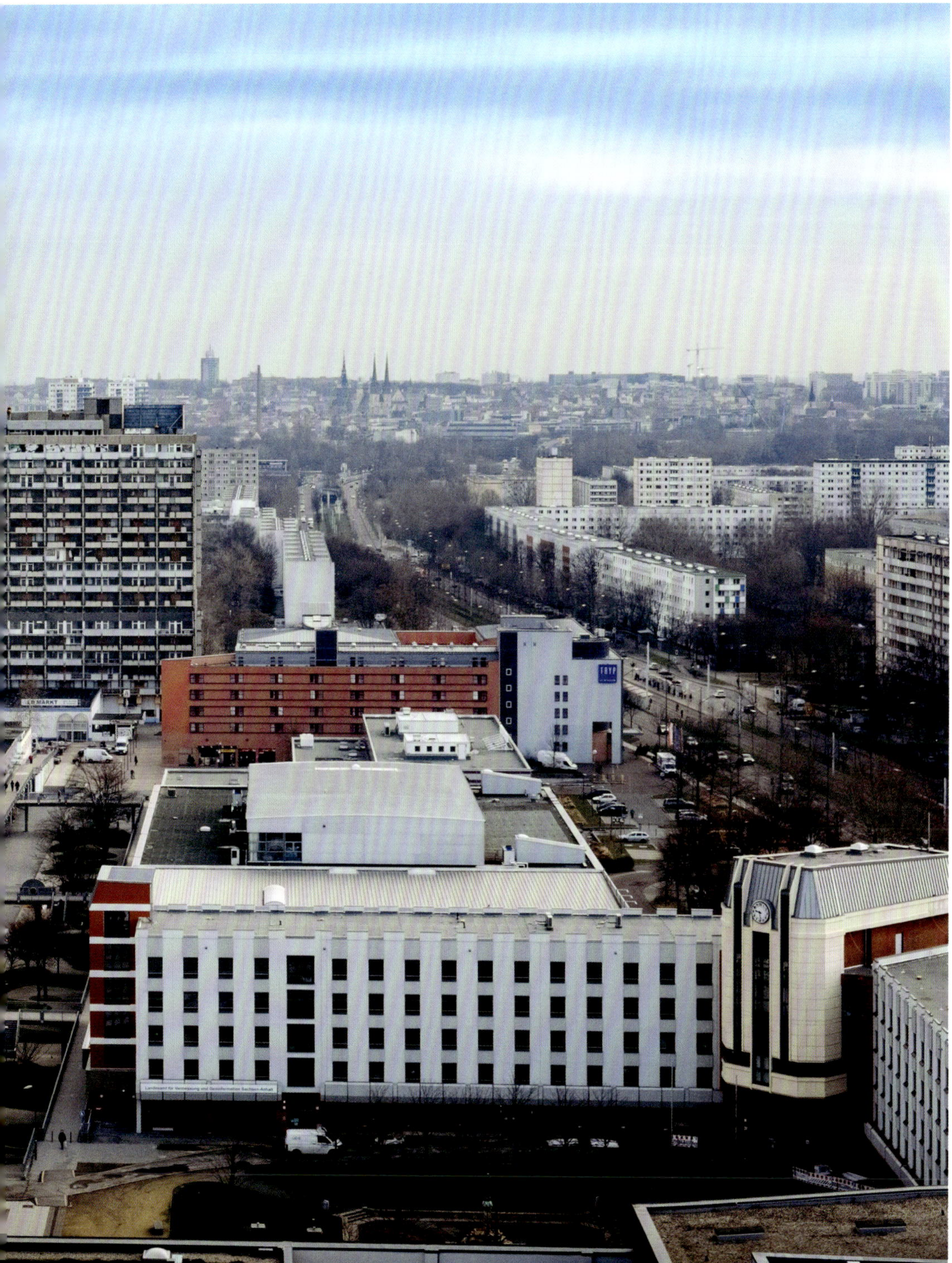

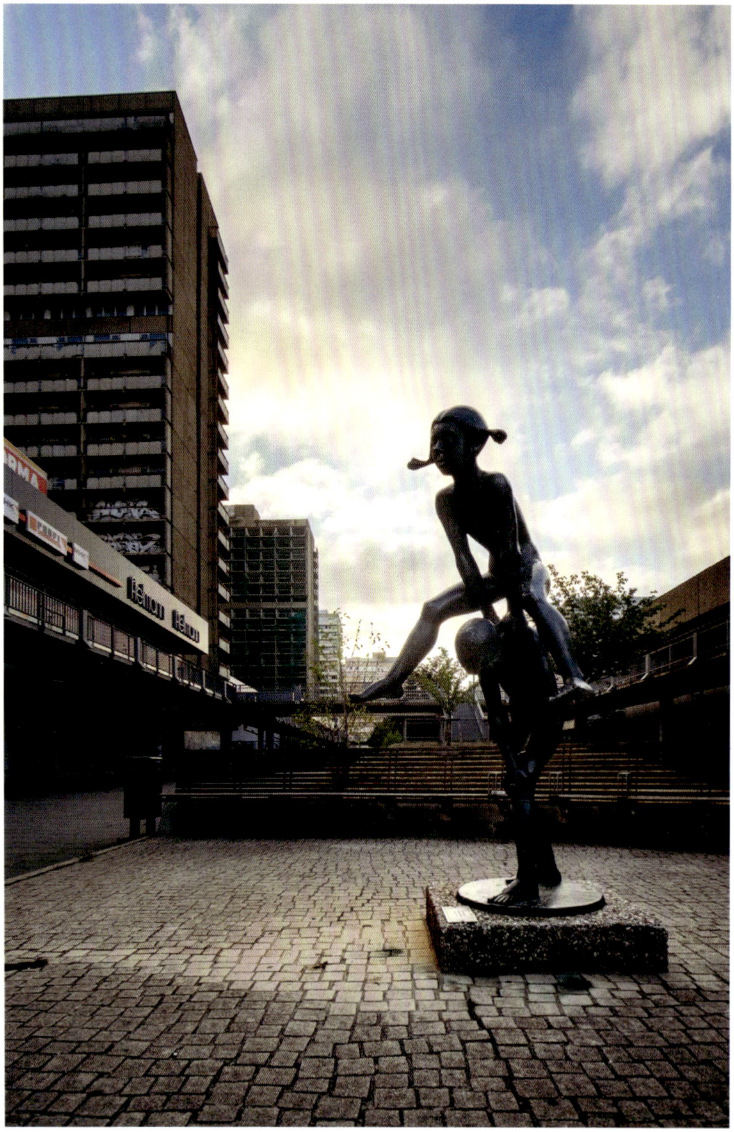

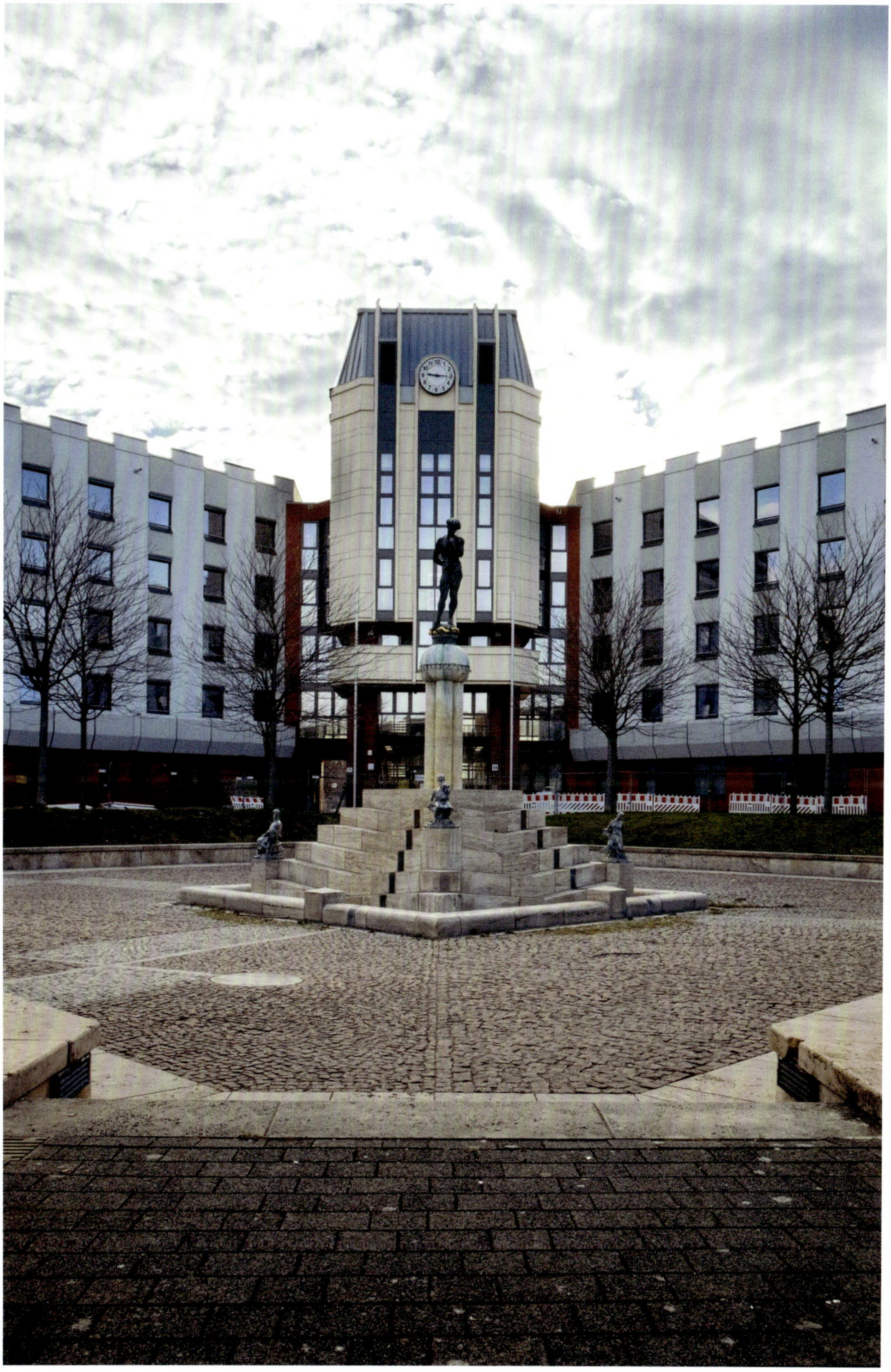

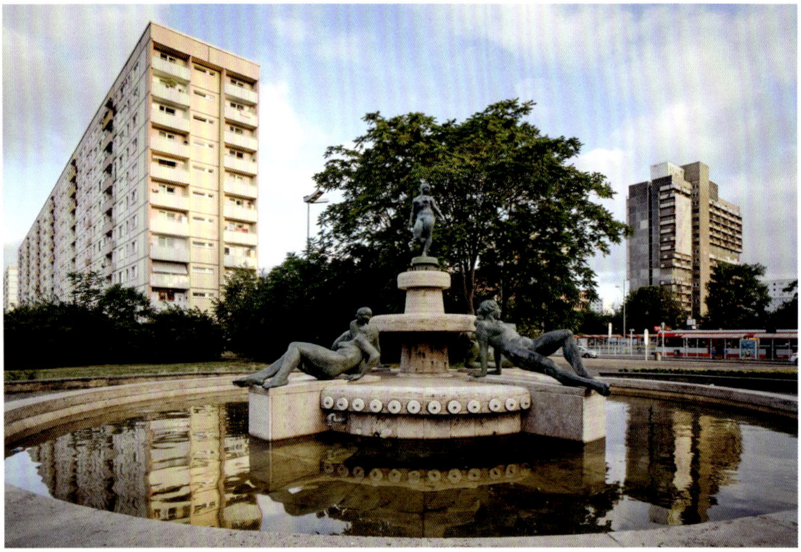

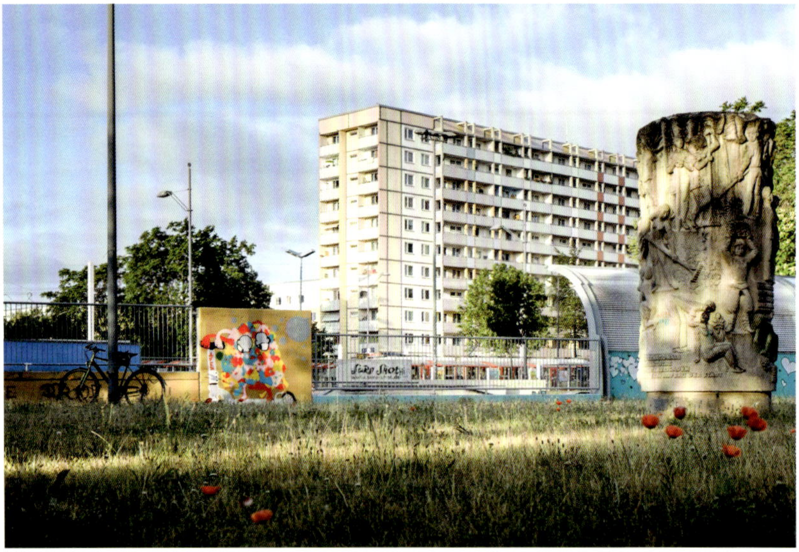

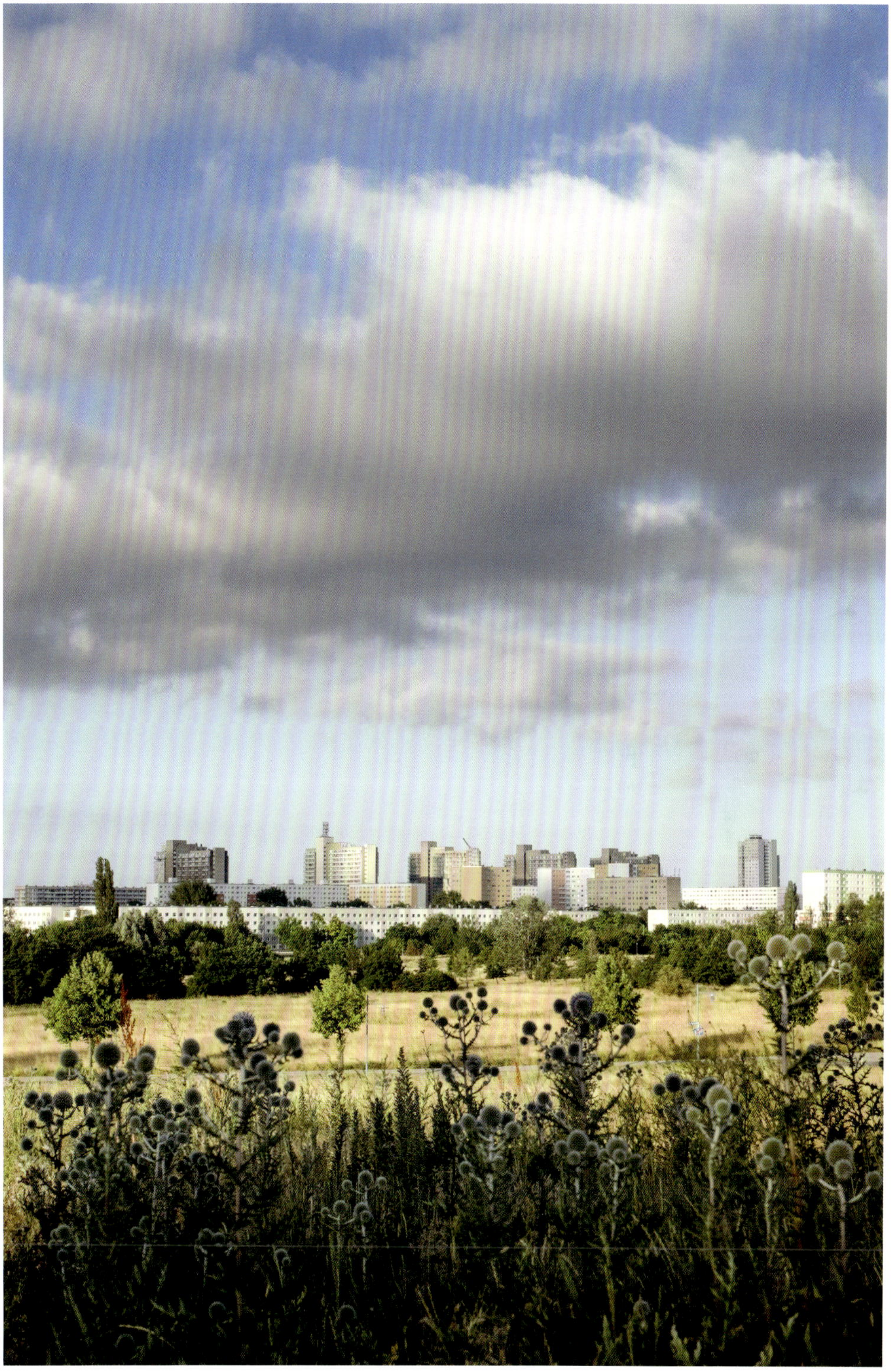

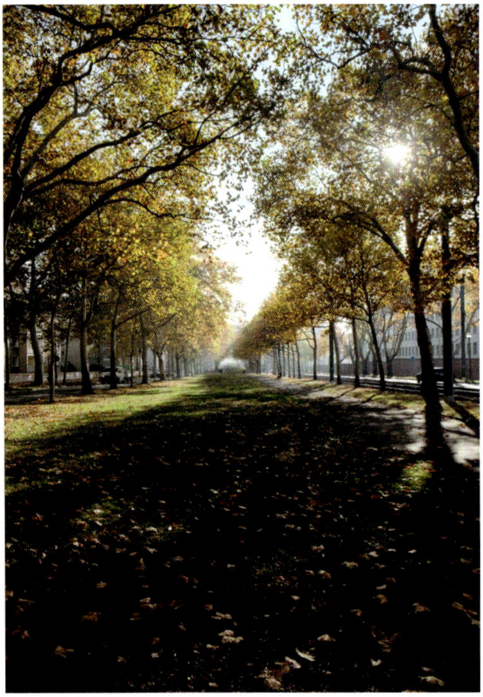

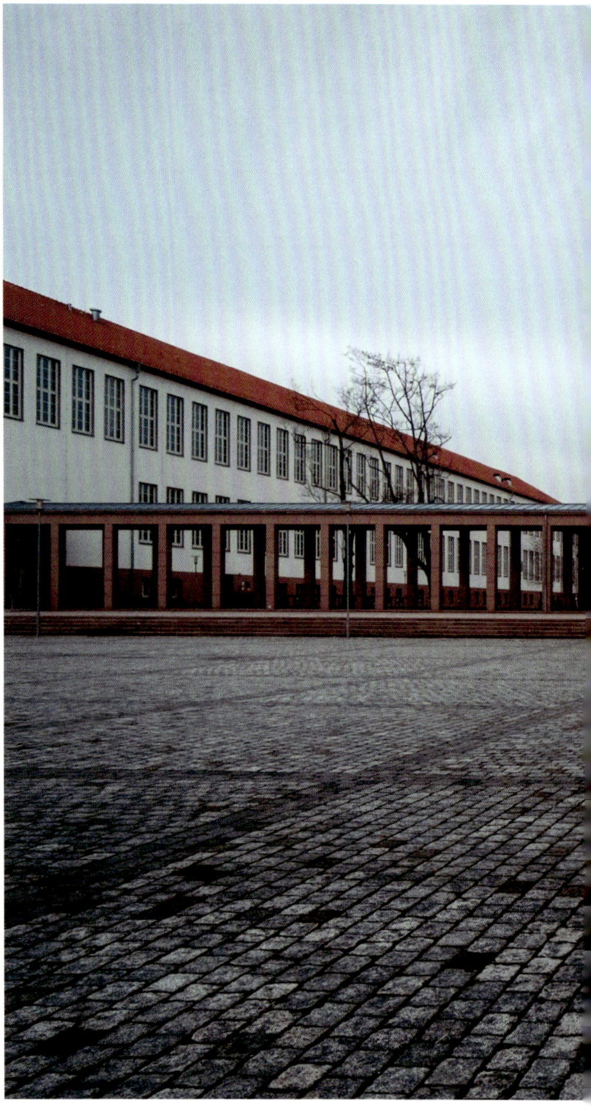

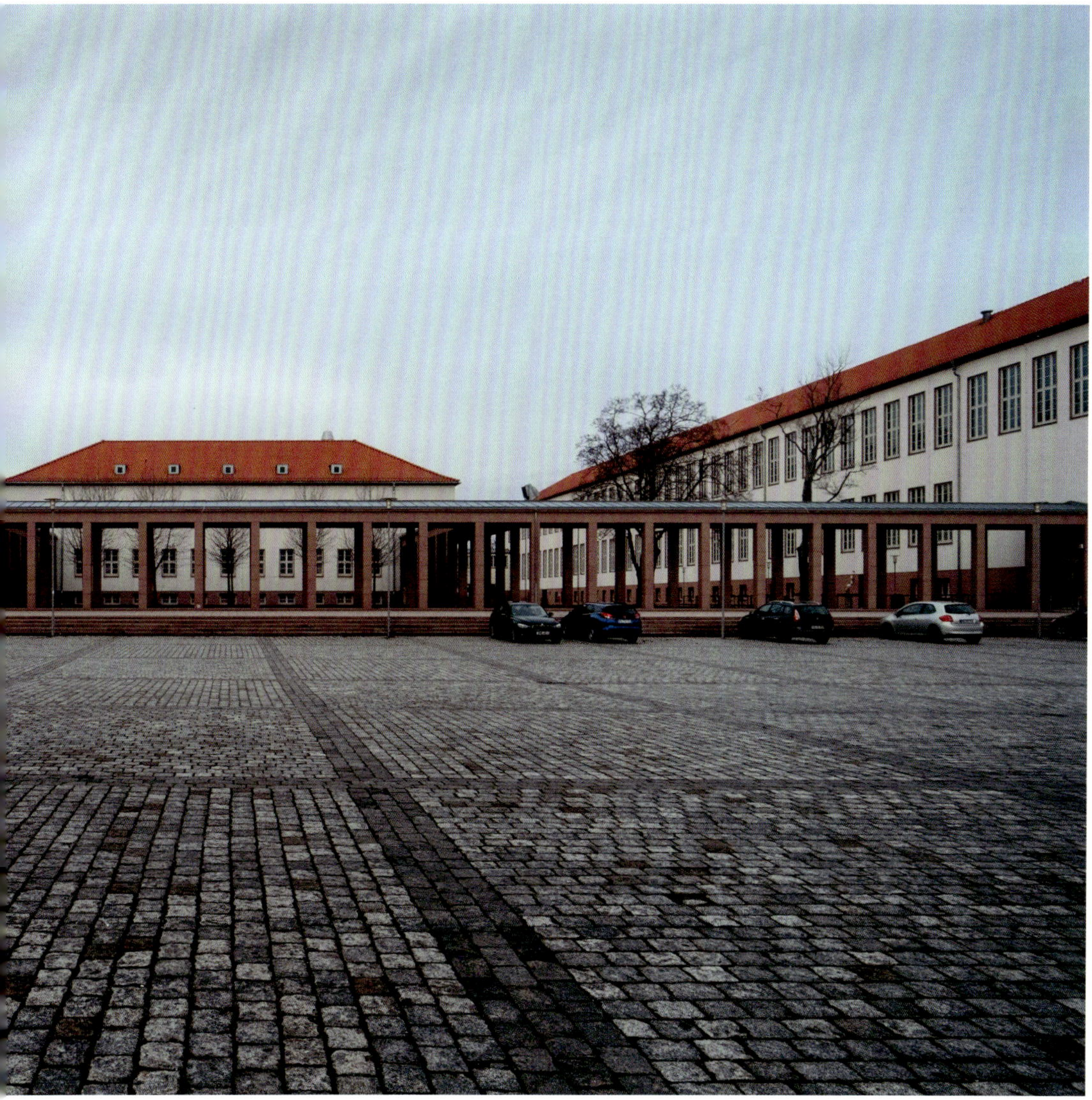

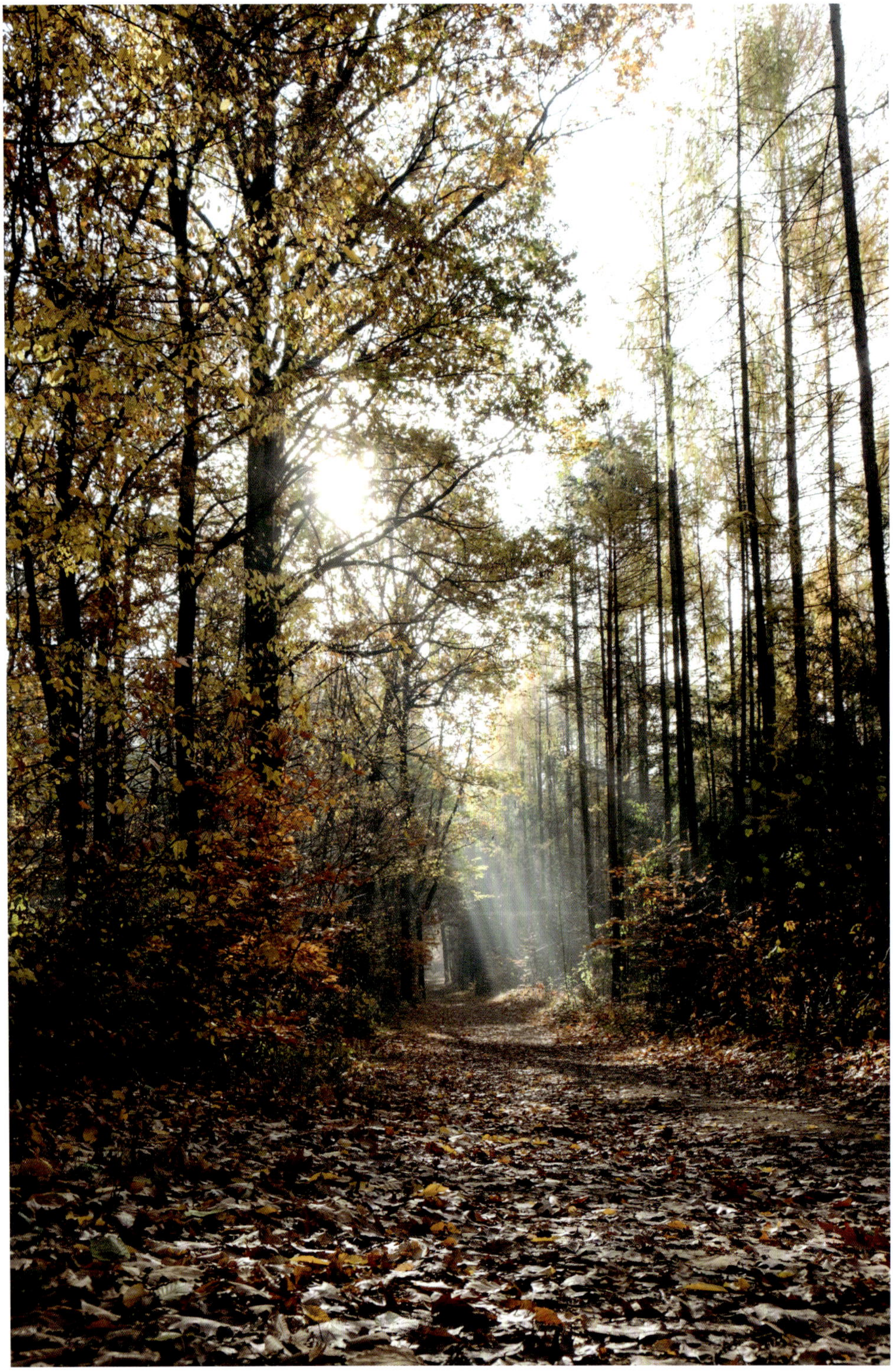

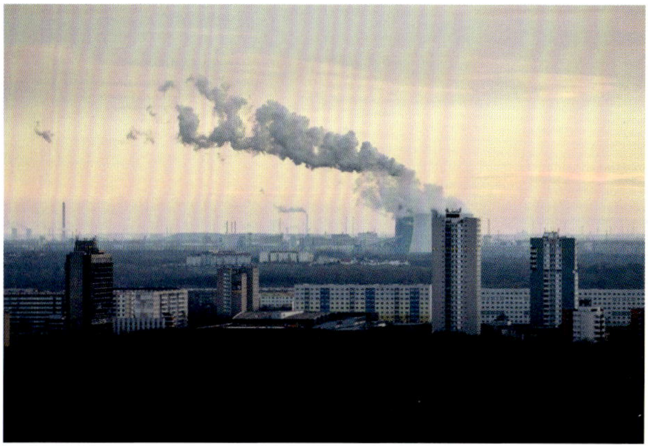

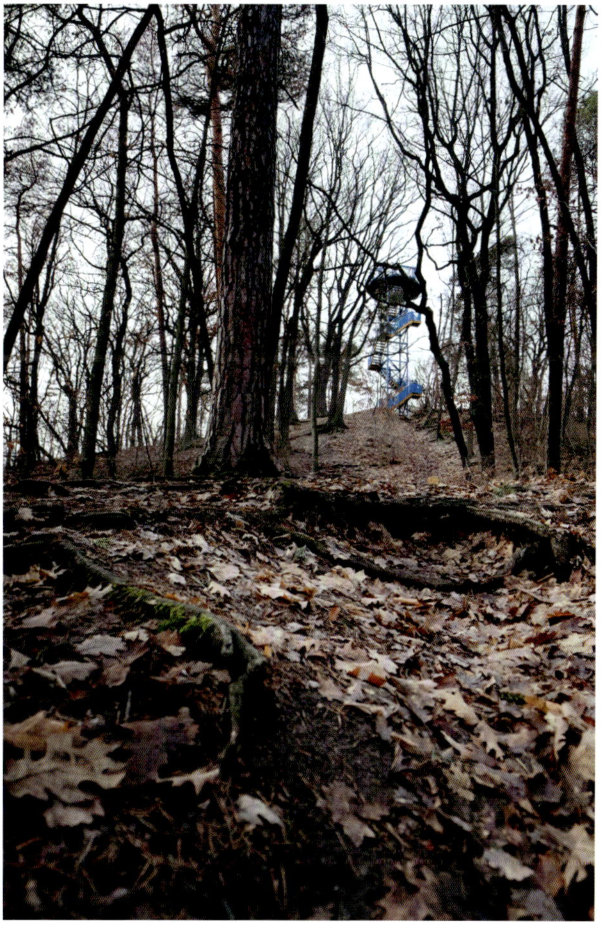

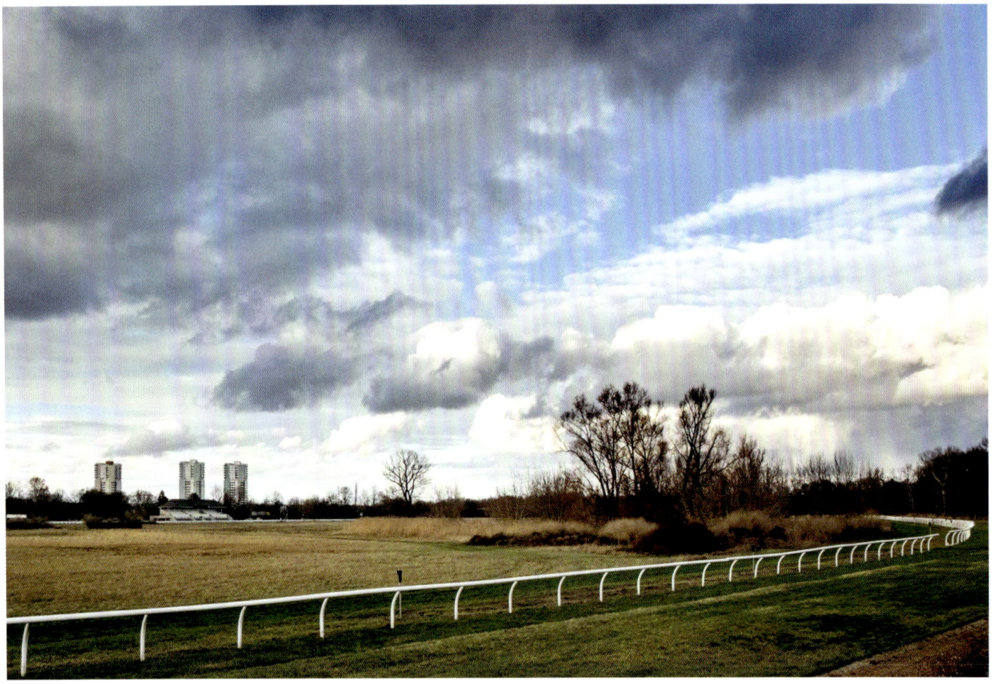

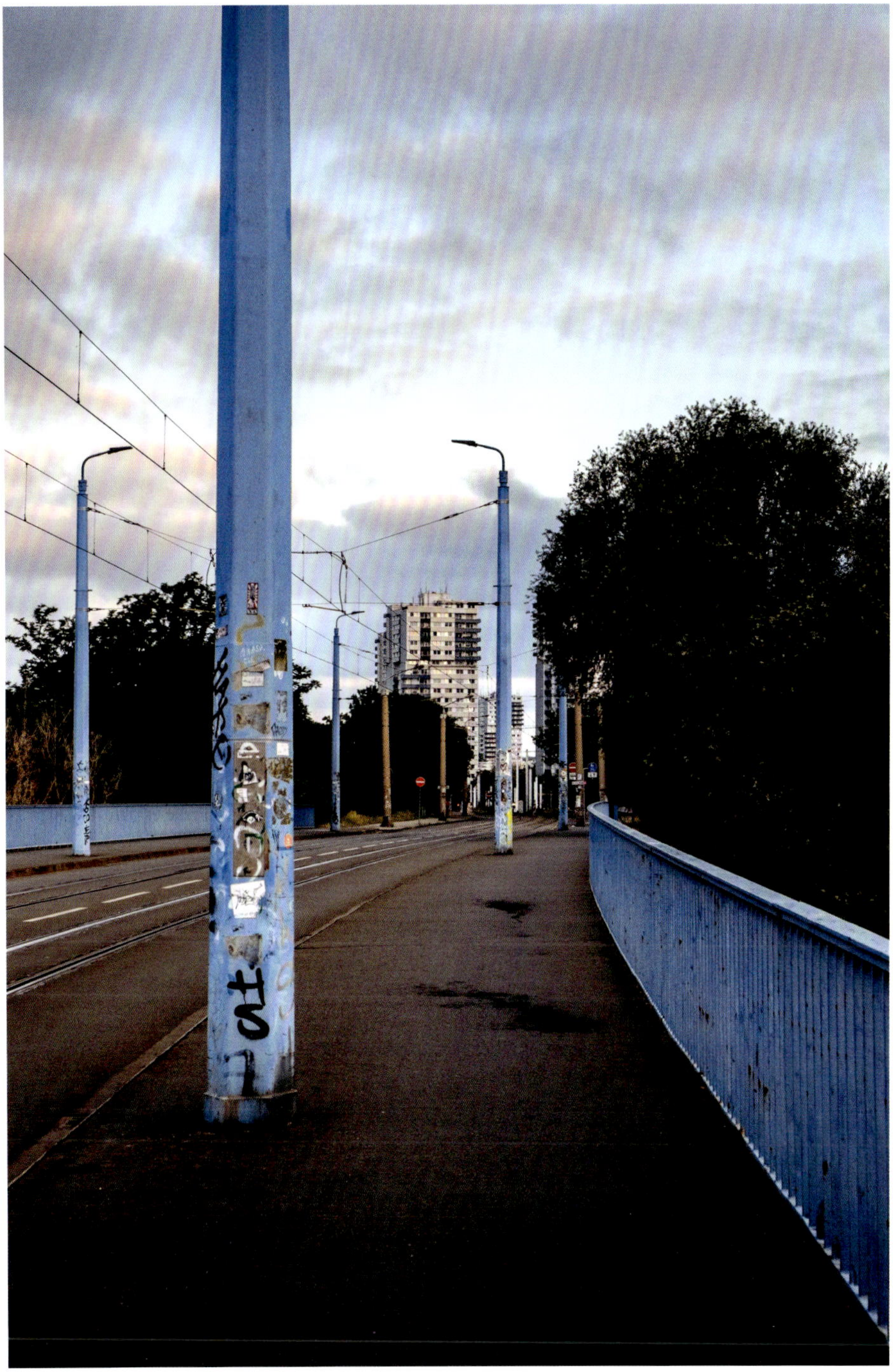

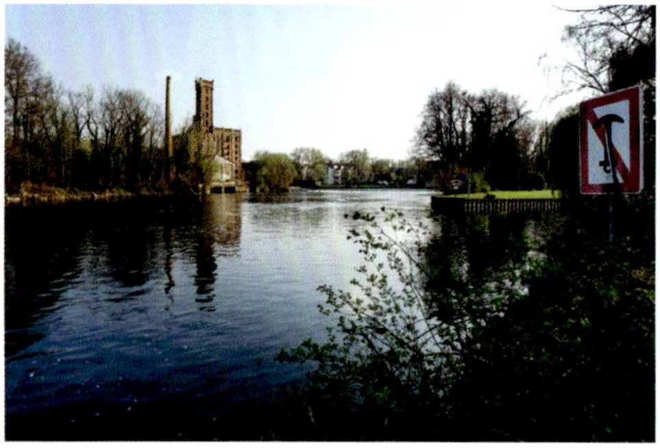

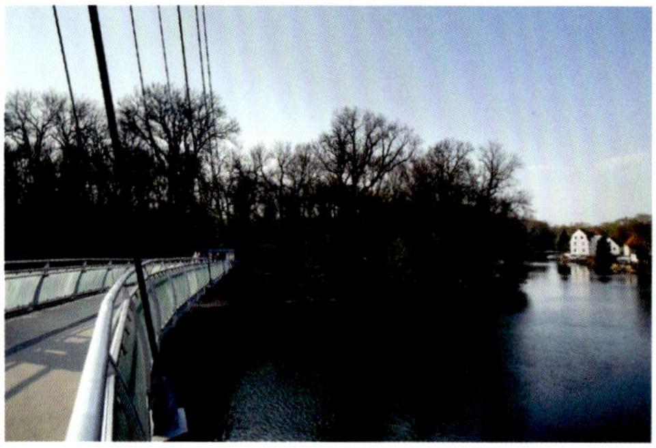

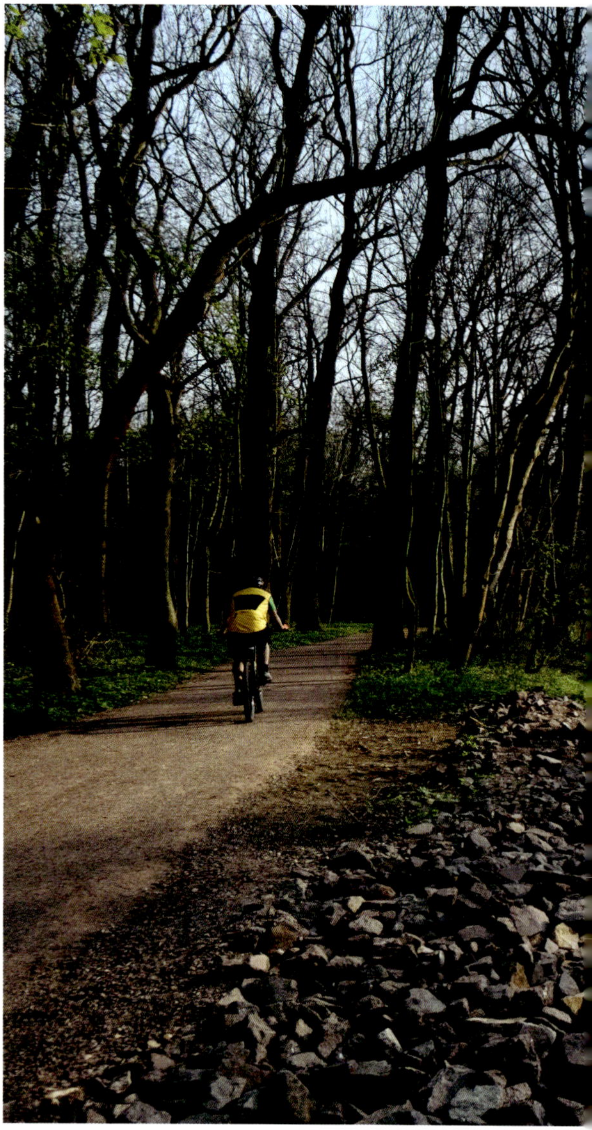

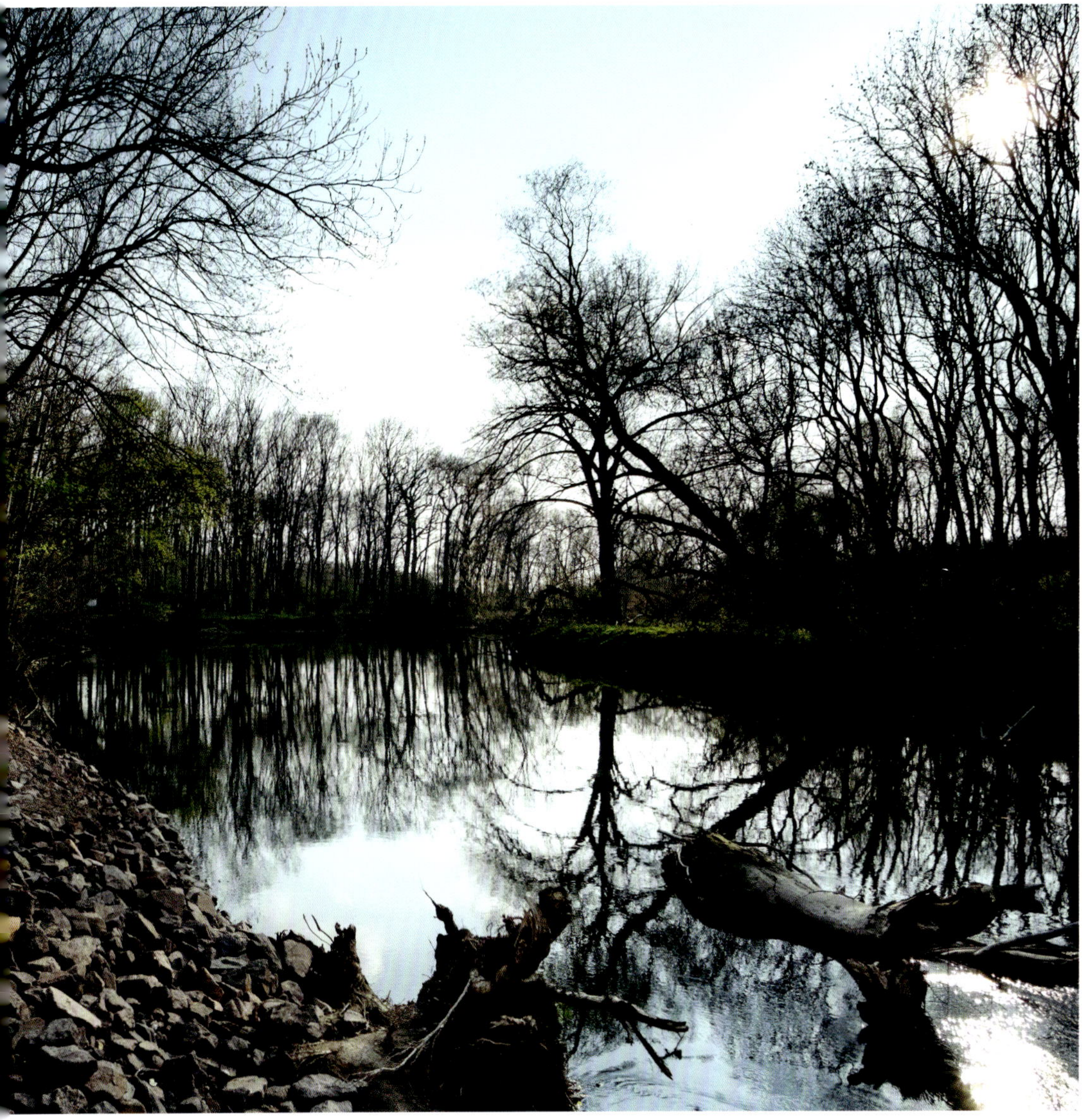

Spieglein an der Wand, Spiegel auf meinen Augen

Der Wind bläst durch die Hallen, die Fenster sind ausgebrochen, der Wind hat sie zerschlagen. Birken wachsen aus den Fenstersimsen. Die leeren Fabriken sind die Dornröschenschlösser entlang der Saale. Sie wachen stumm in ihrem Verfall über die Zeiten. Der Wind braust durch die Stadt, lärmt, jagt dunkle Wolken vor sich her, leert die Papiertonnen aus und verteilt es auf den Straßen. Ich bin unterwegs Richtung Süden, balanciere mein Fahrrad über die Straßenbahnschienen am Bordstein entlang zum geschäftigen Rannischen Platz. Die Stromkästen rings um das Stadion leuchten in den Fanfarben des HFC. Am Gesundbrunnenhäuschen raste ich und stoße unvermutet auf den Ort, der dem Viertel seinen Namen gab. Die Quelle murmelt leise an den knospenden Kastanienbäumen, dicht neben dem Stadion, wo die Fans lautstrak Beifall klatschen. Über den Böllberger Weg, vorbei an ausgedehnten Schrebergärten und am Künstlerhaus 188, radle ich zurück zur Saale. Wohnen in Lofts mit Blick auf das Wasser, Bootshäuschen, in denen ich gern einmal einen Sommernachmittag verbringen würde – und als Überrest der vergangenen Tage, da ist sie wieder, die alte Brauerei an der Glauchaer Straße. Neben ihrer Jugendstilfassade ragen im Durcheinander der Stile Plattenbauten aus DDR-Zeiten auf. Der Fluss strömt beruhigend dazwischen, als ob er weiß: Es ändert sich alles, nur nicht mein Lauf.

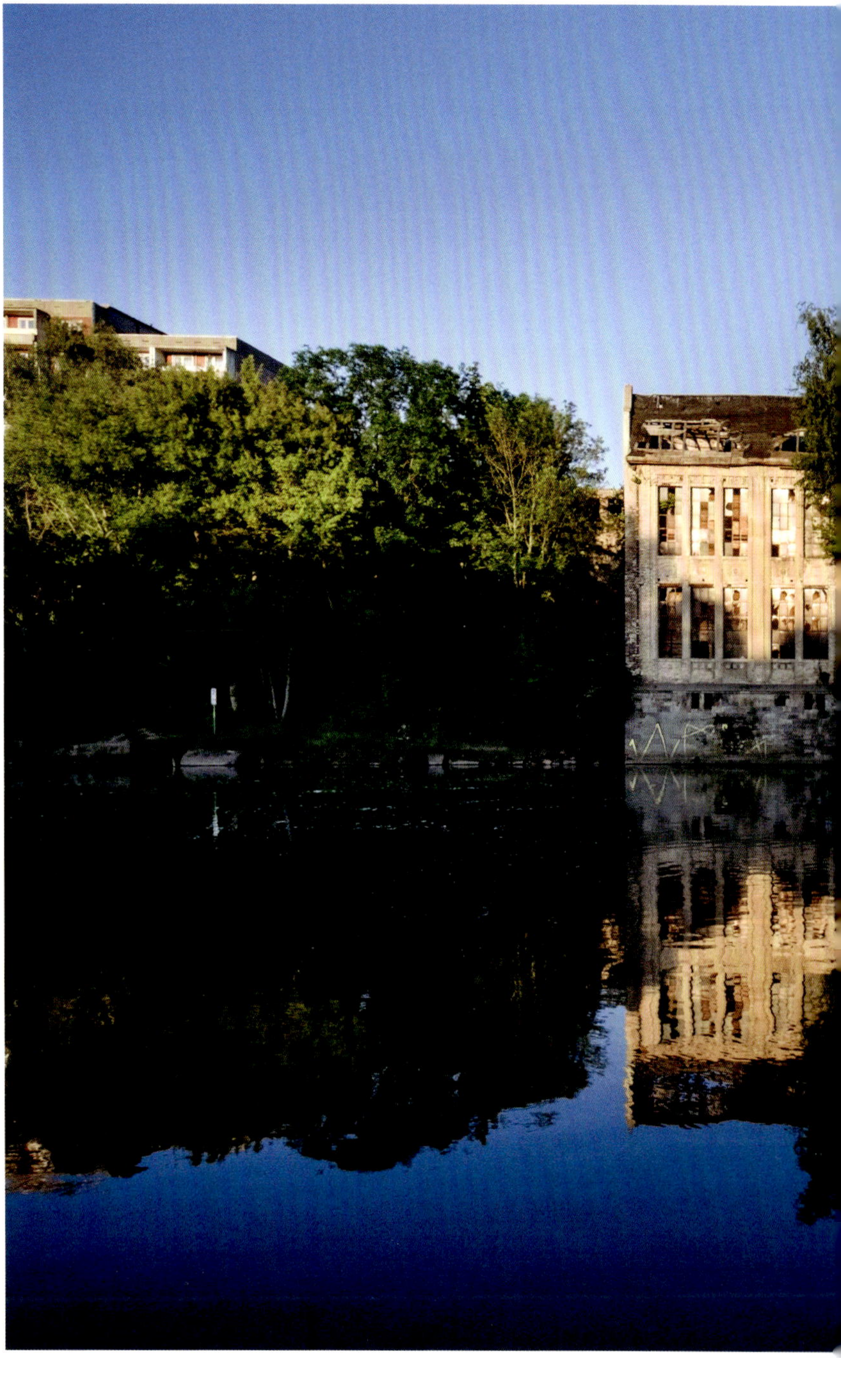

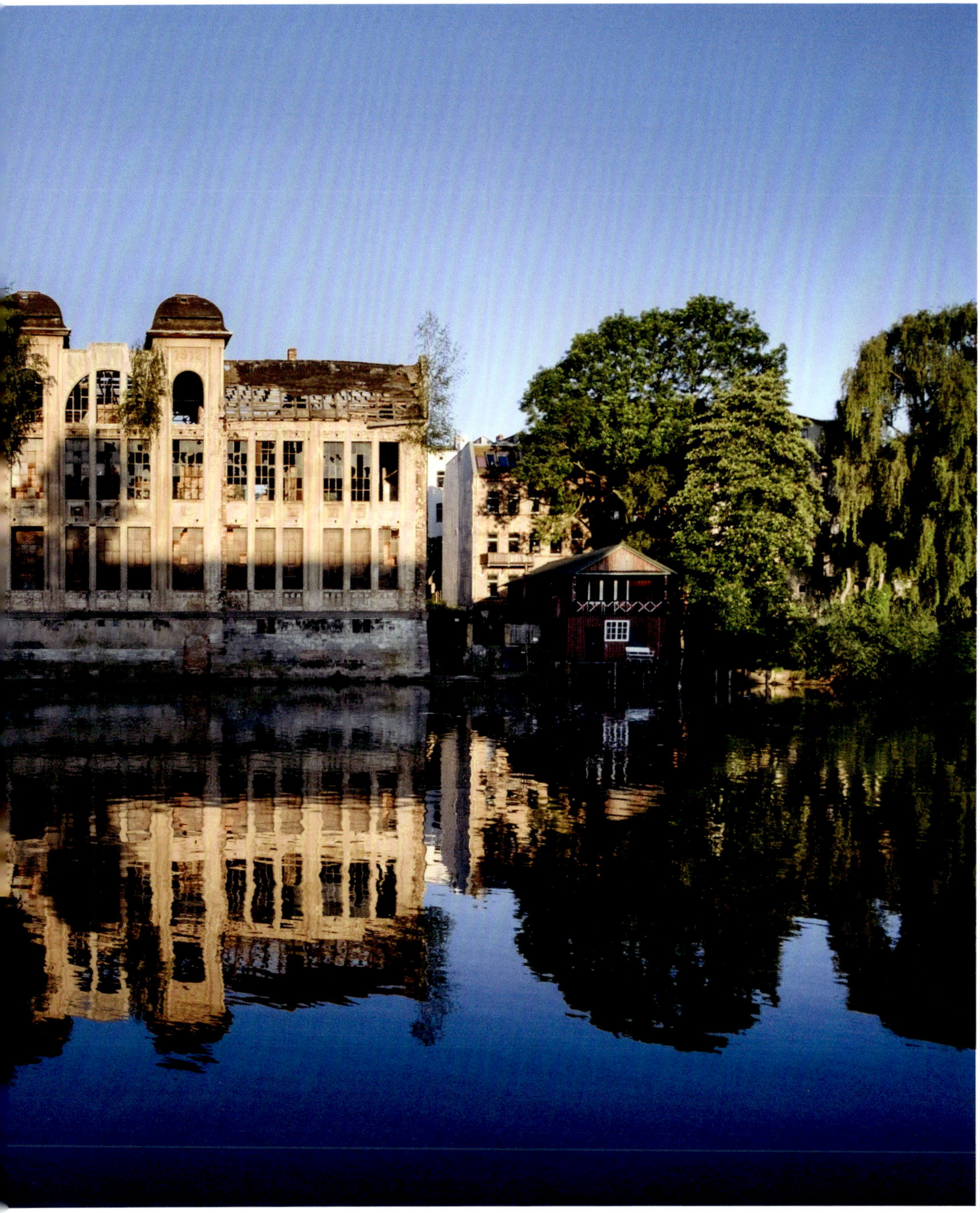

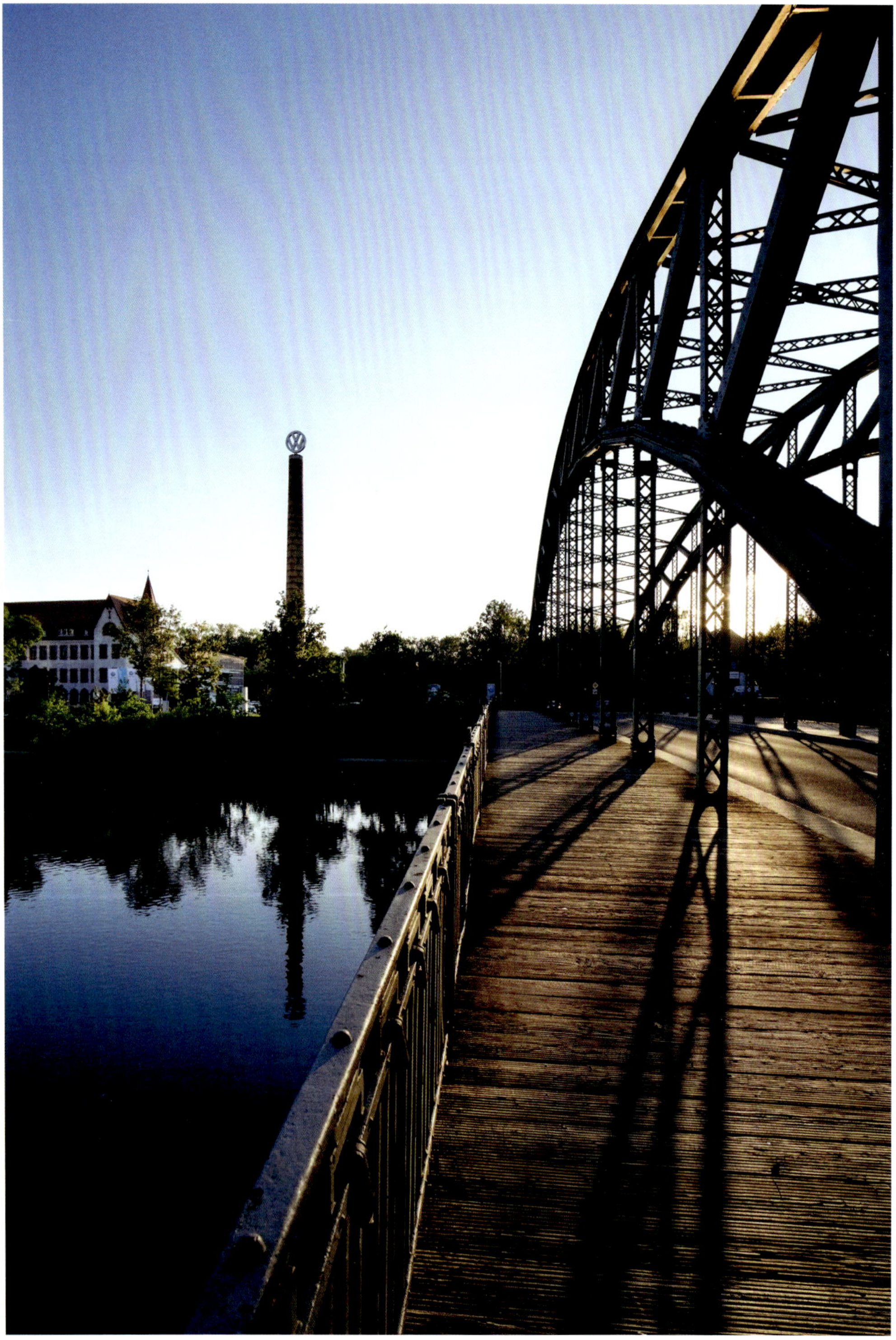

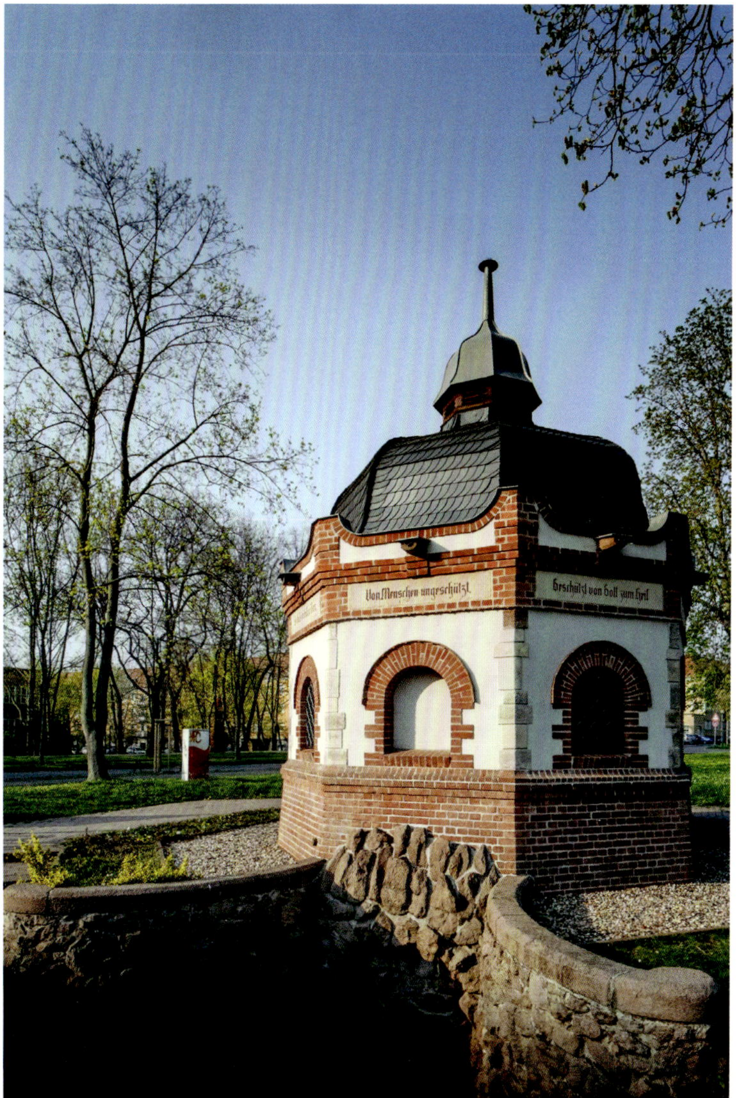
Von Menschen ungeschützt.
Geschützt von Gott zum Heil

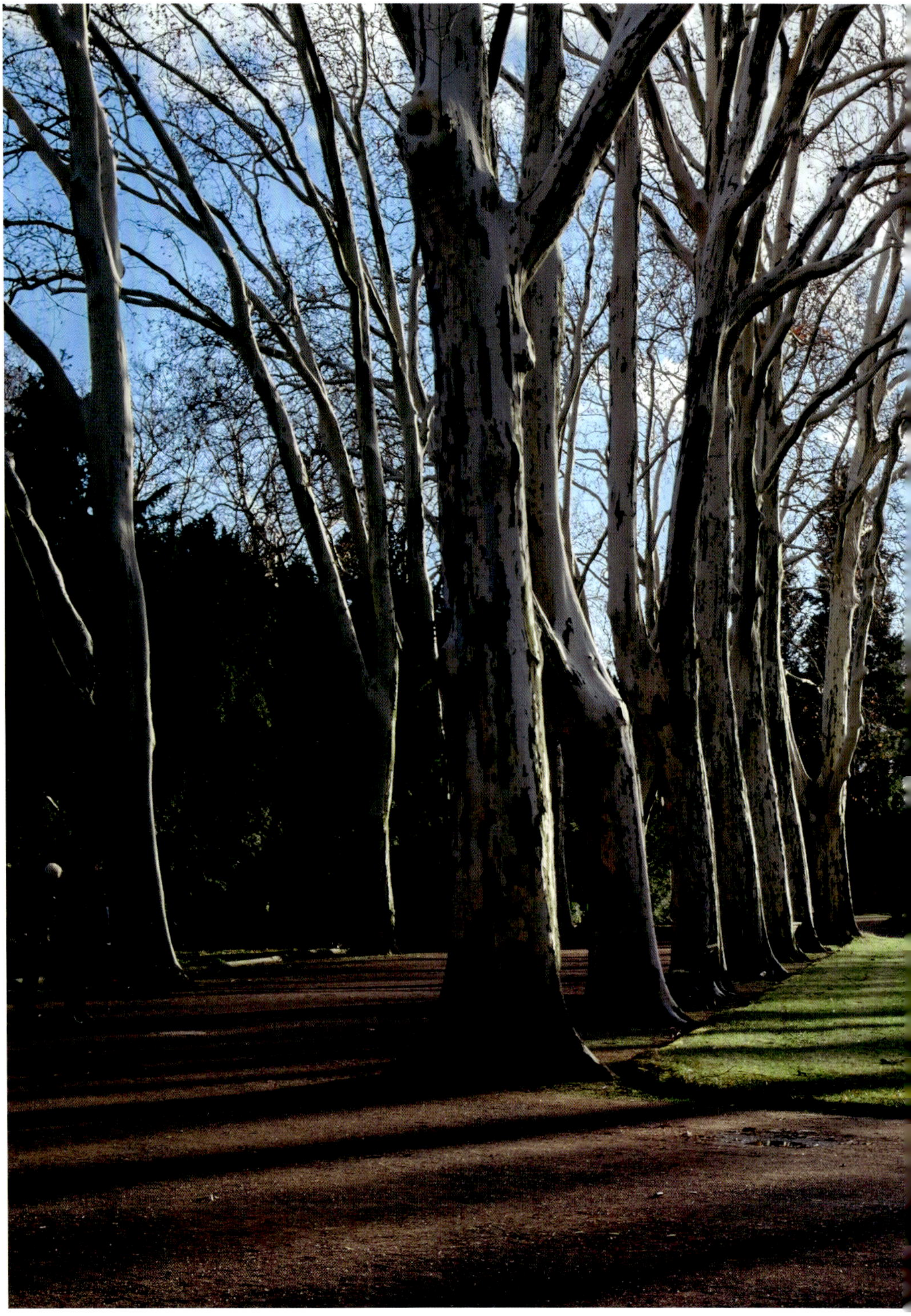

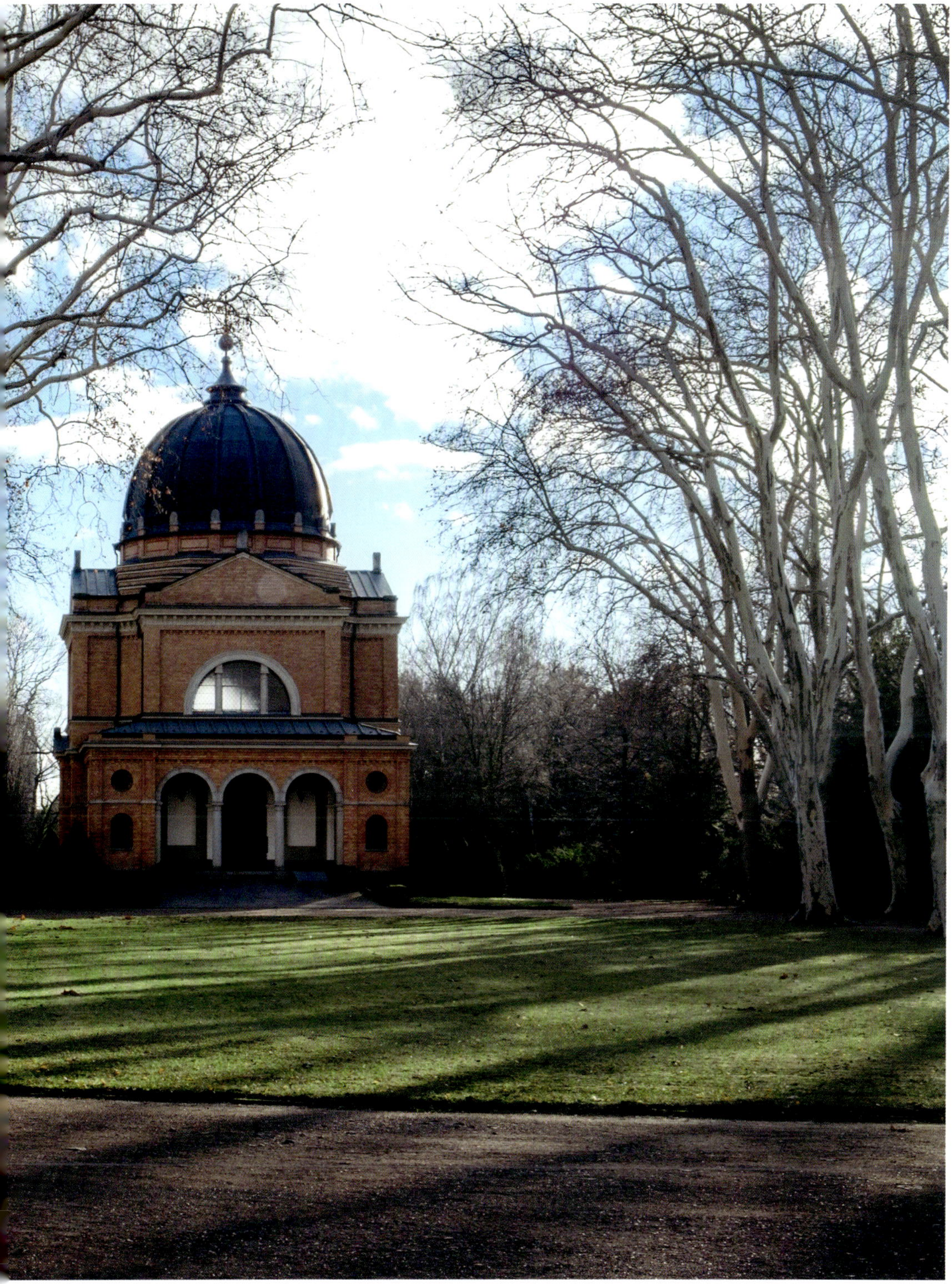

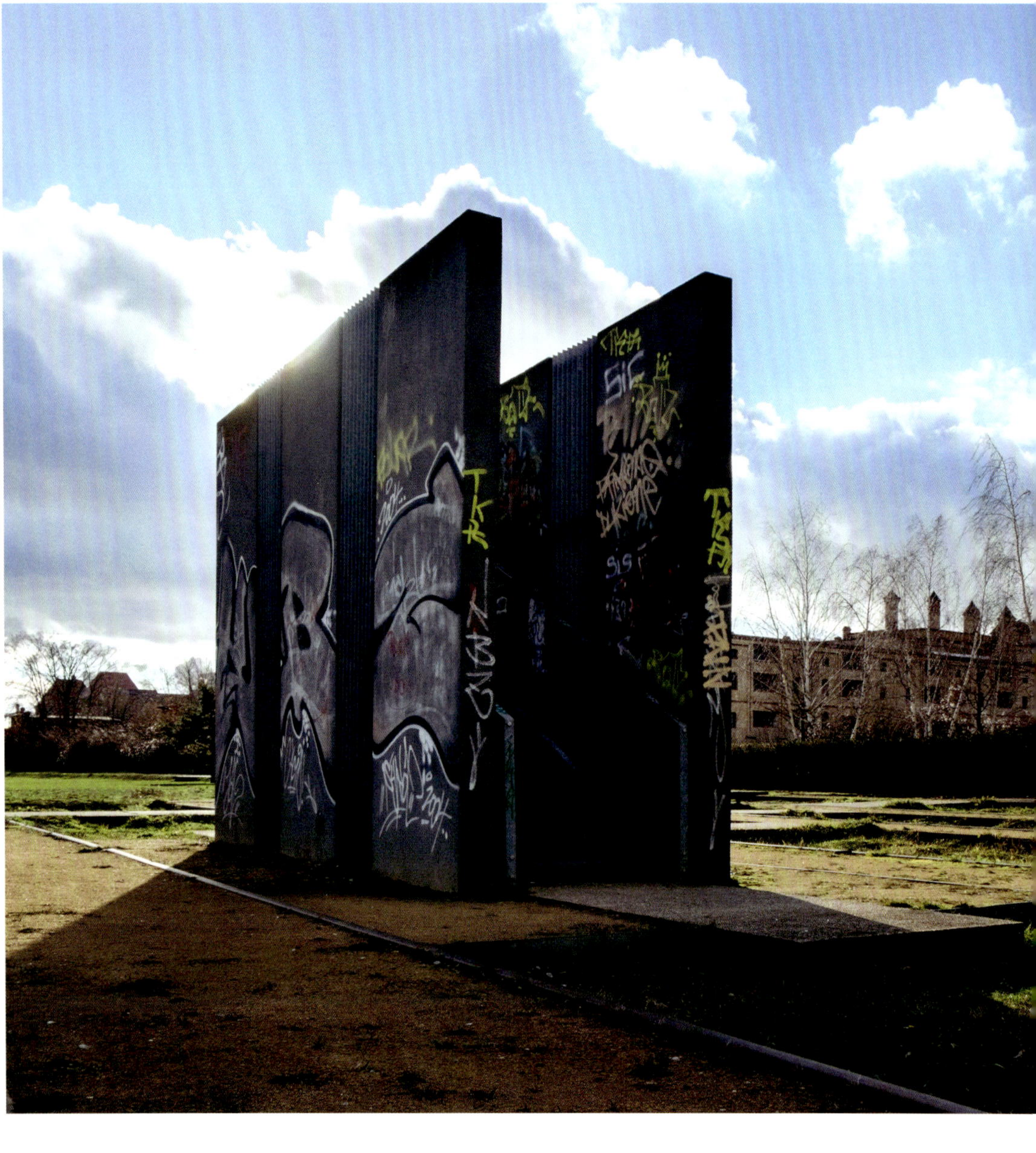

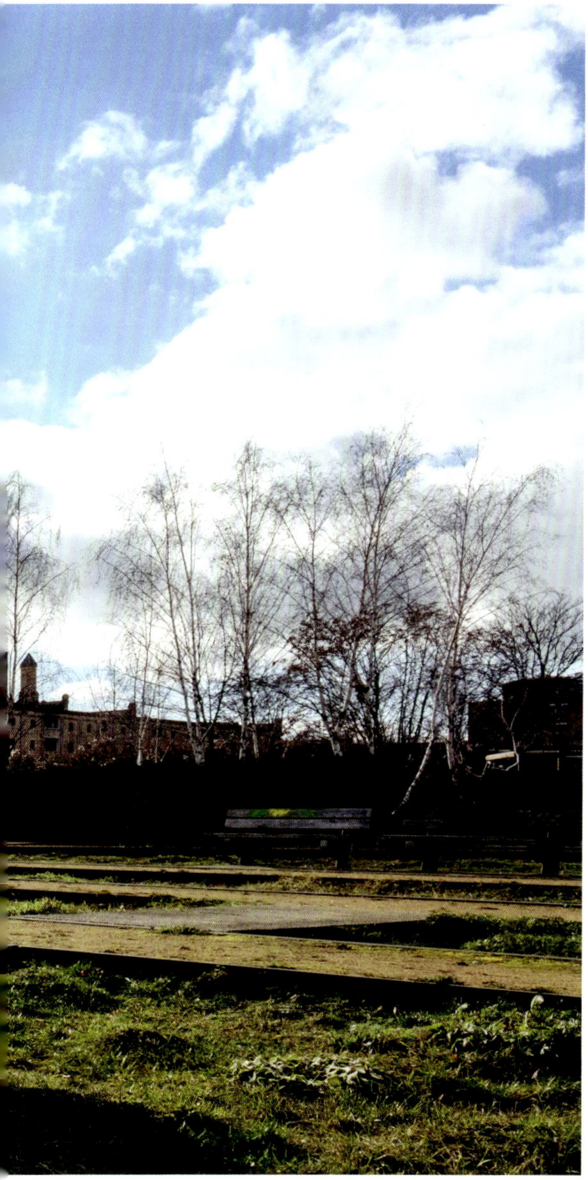

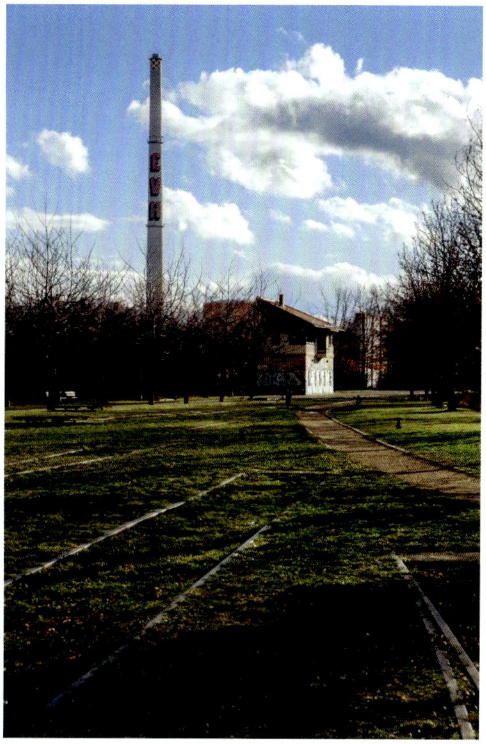

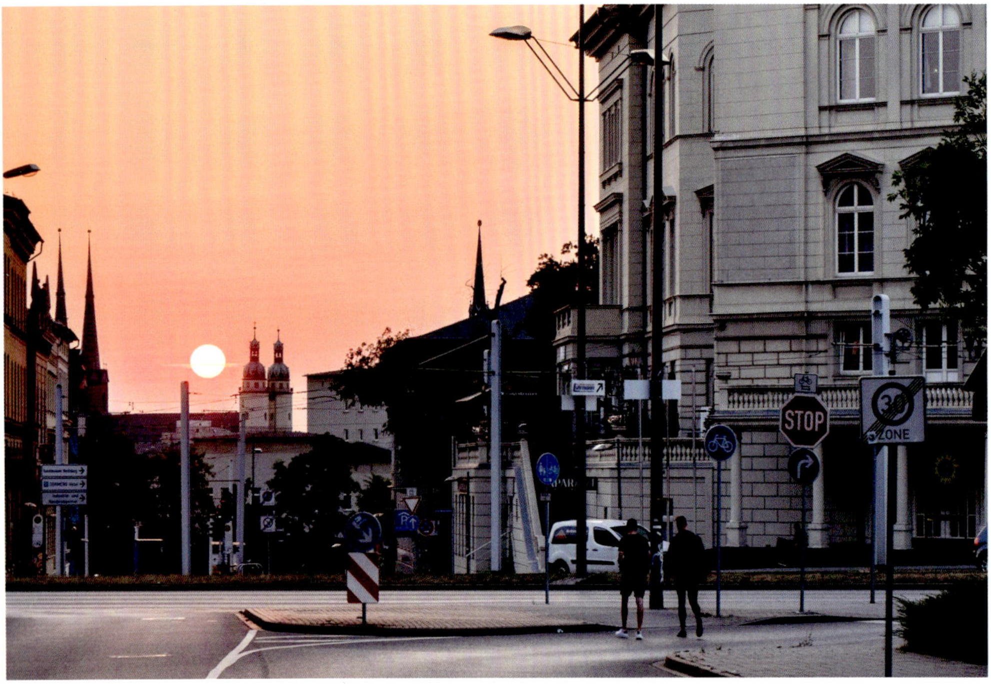
STOP
30
ZONE

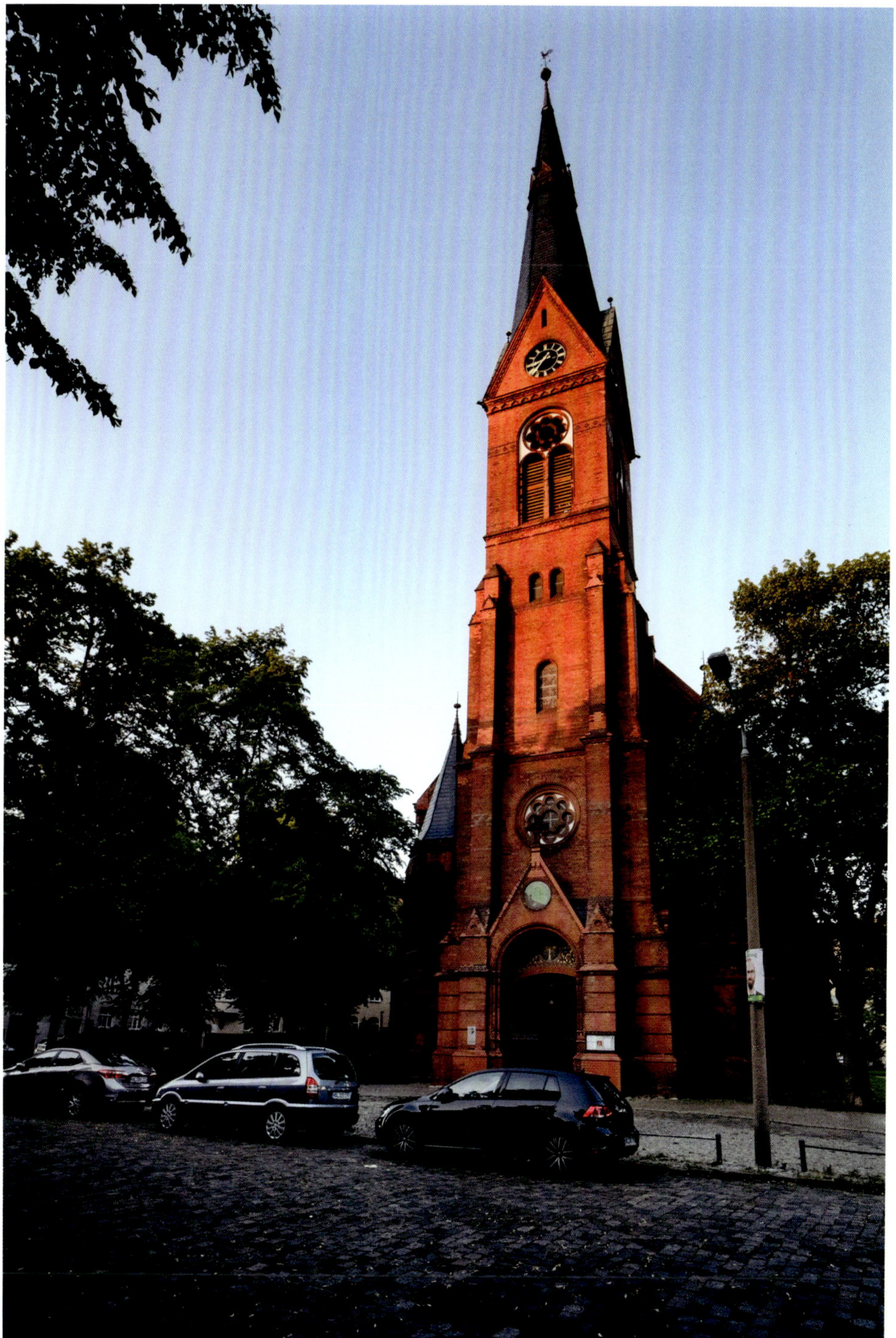

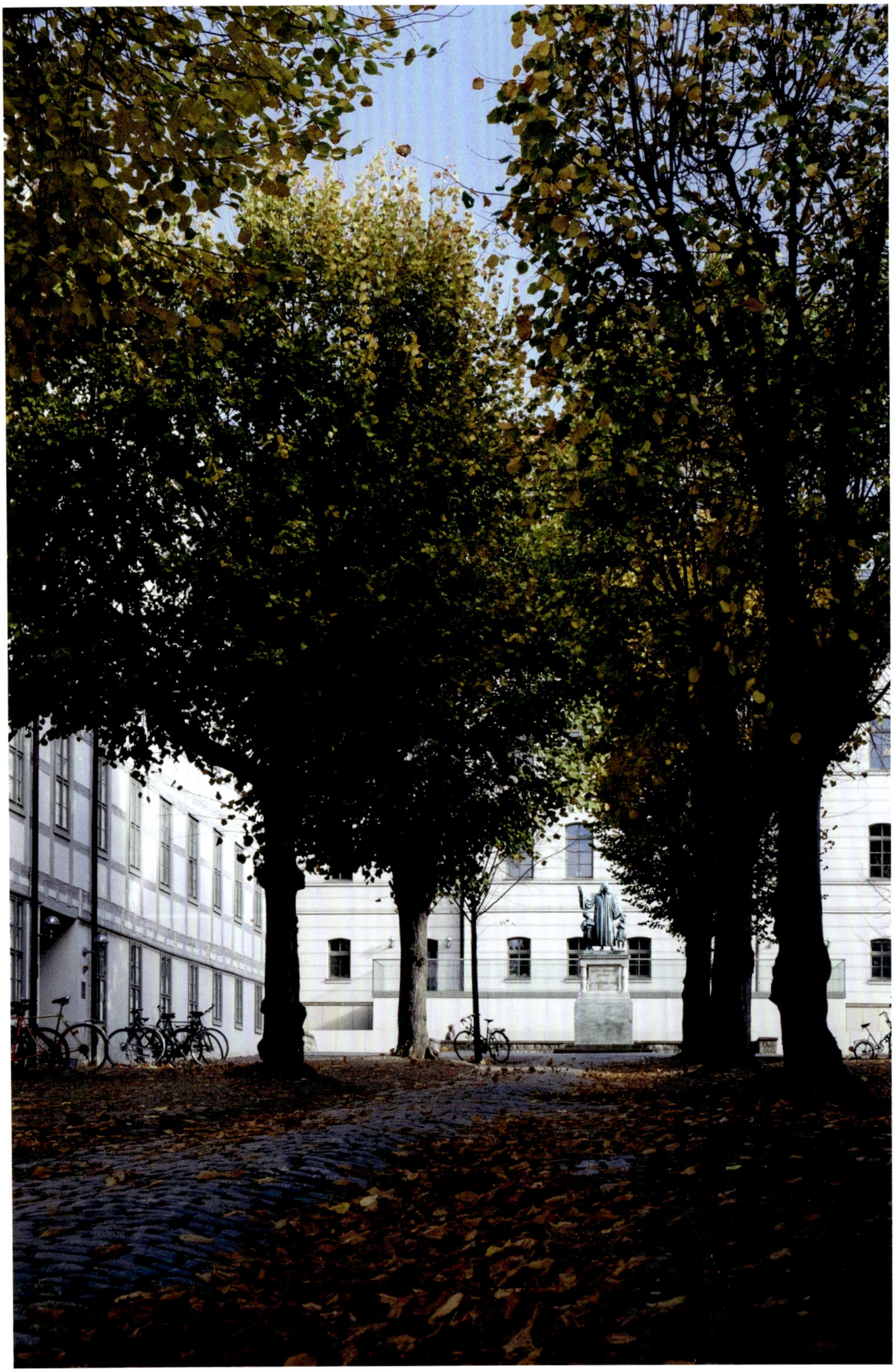

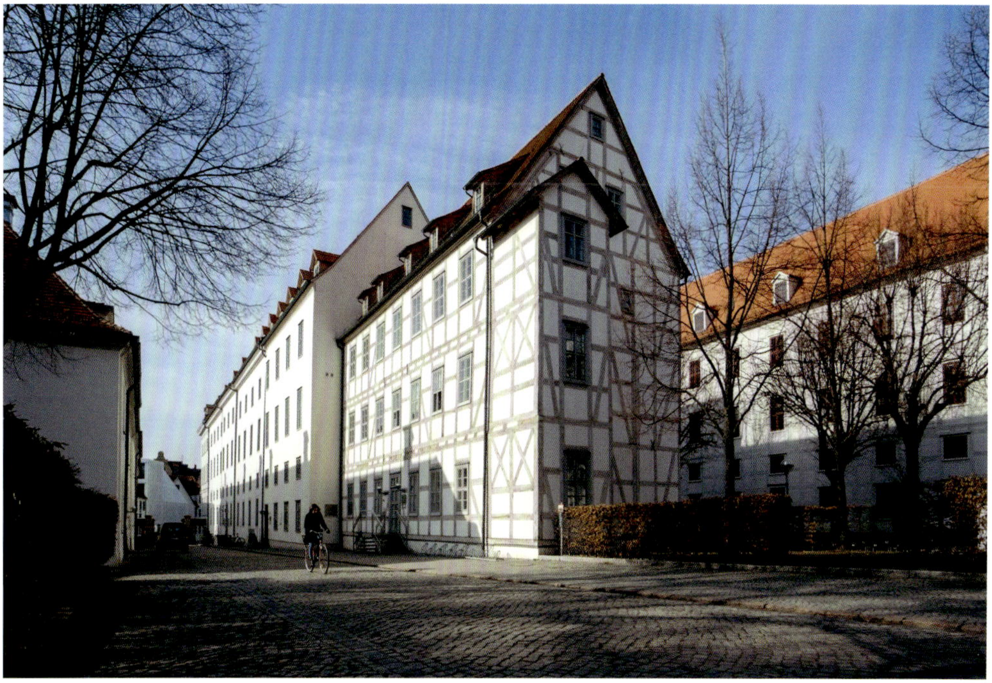

Flamme der Revolution (»Fahne«) *Rathausstraße* *Allee am Hansering* *Blick auf das Landgericht*

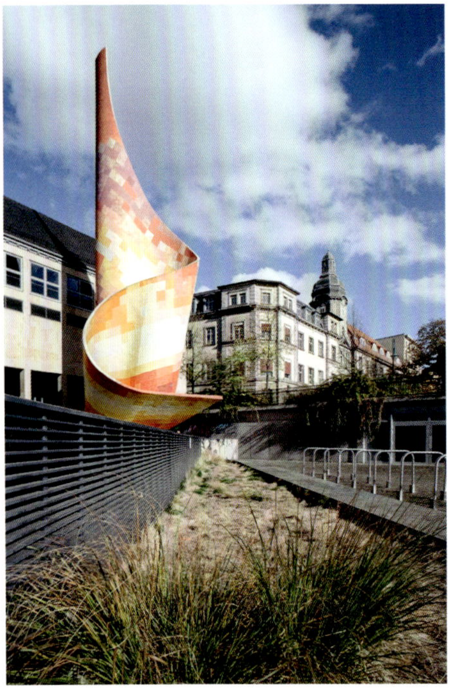

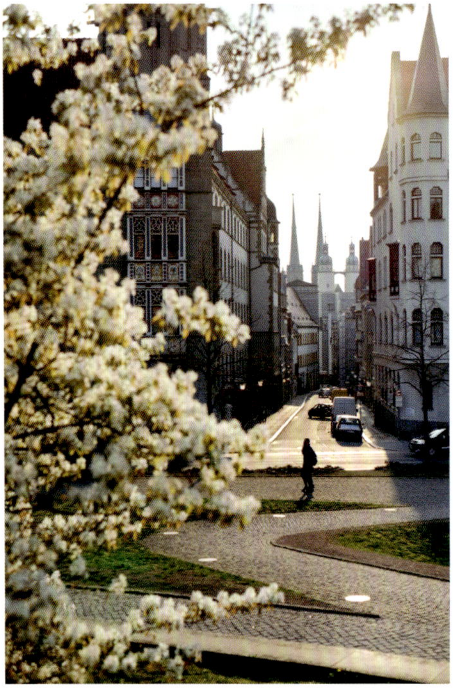

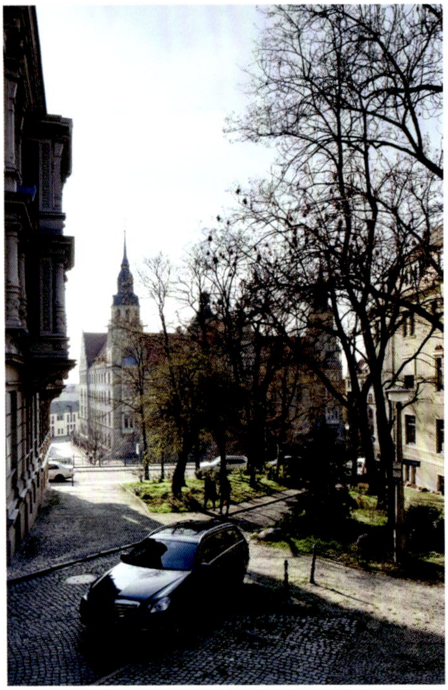

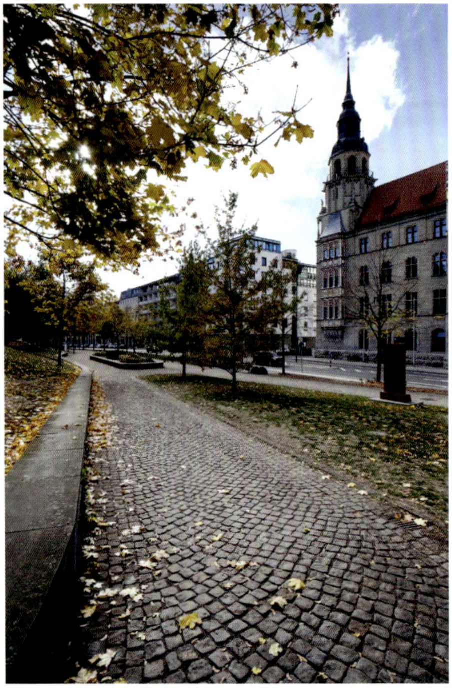

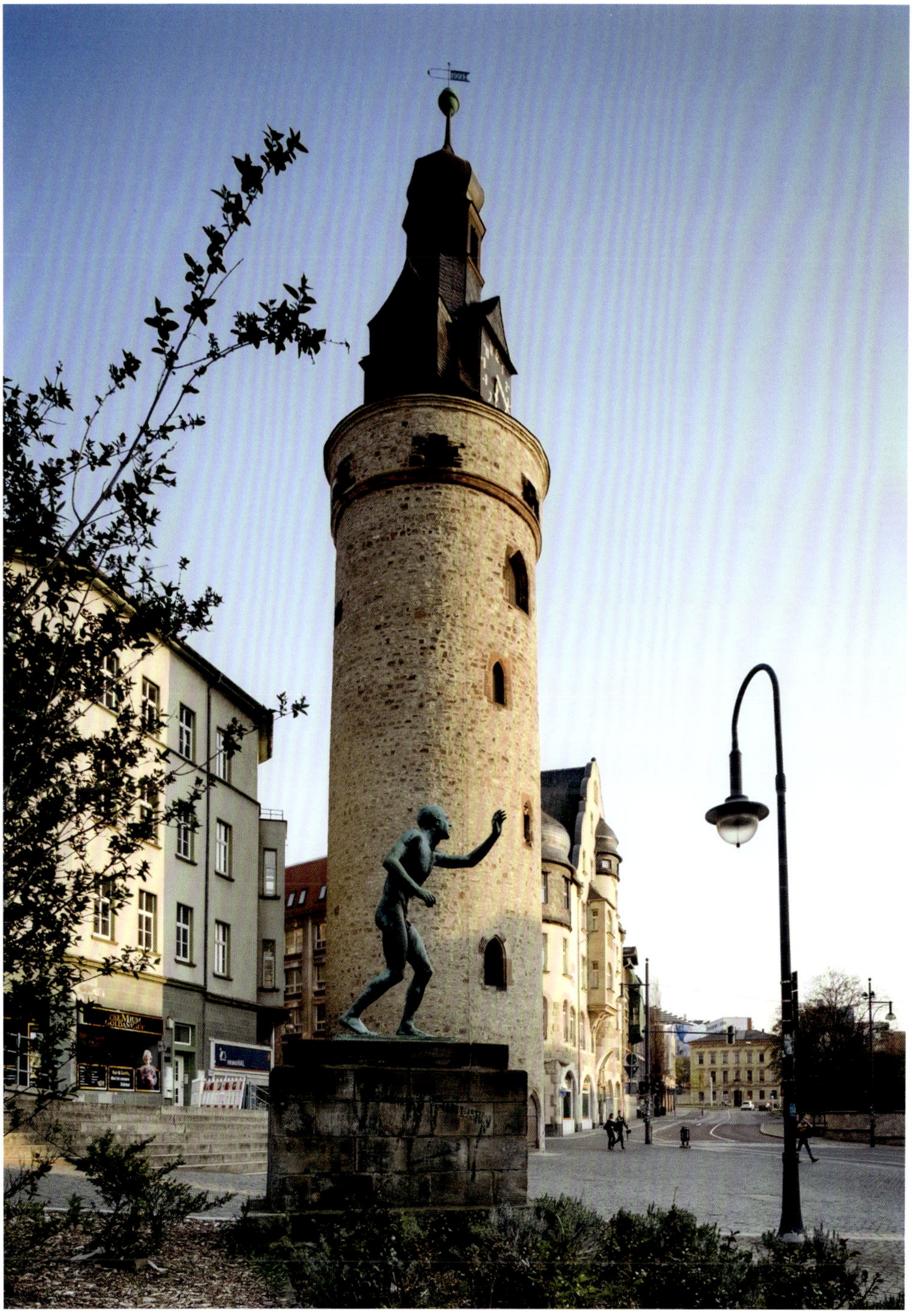

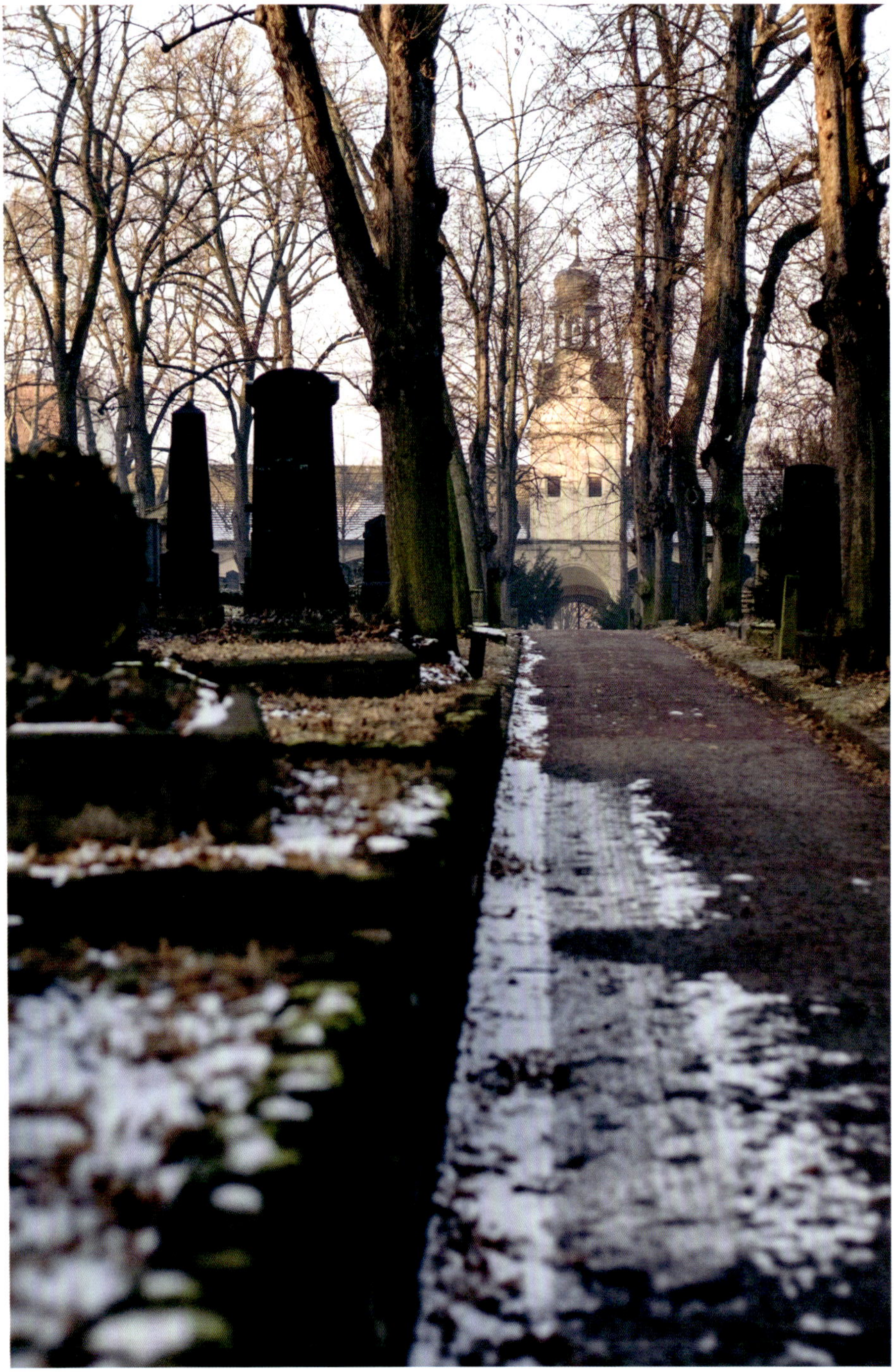

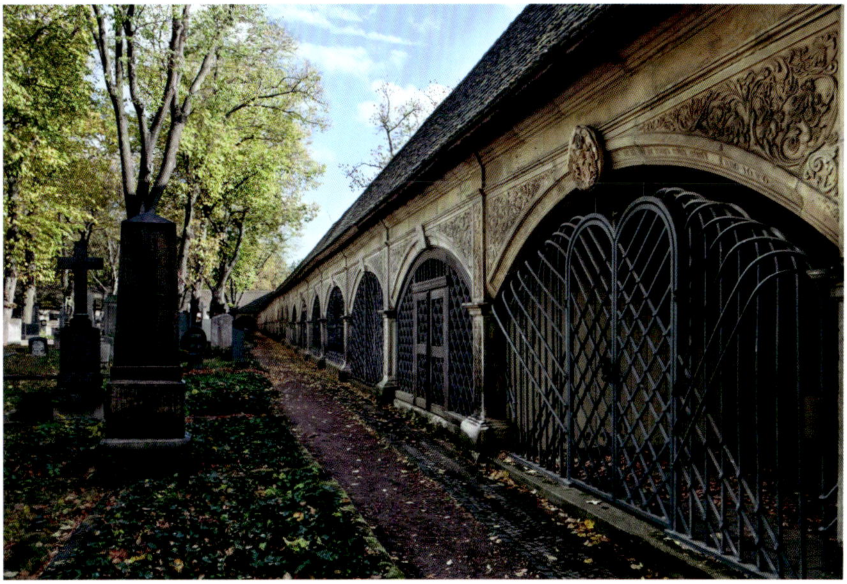

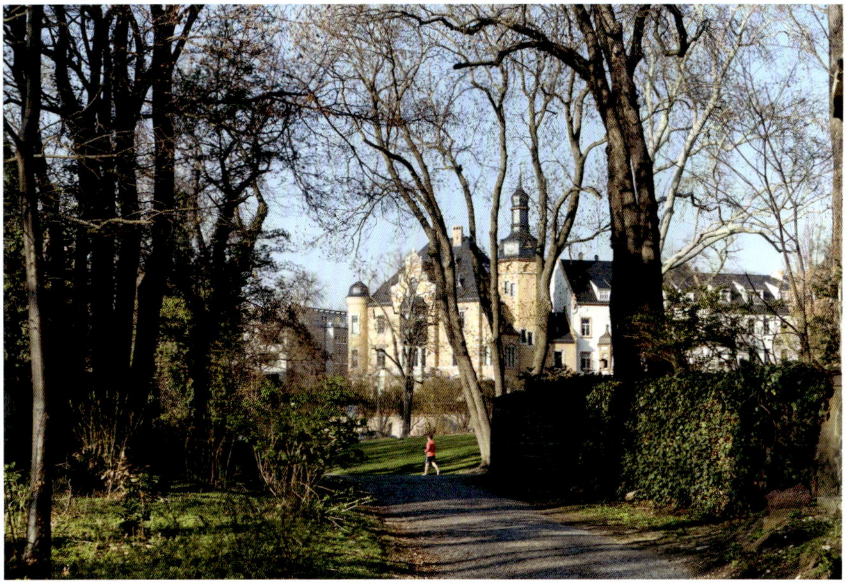

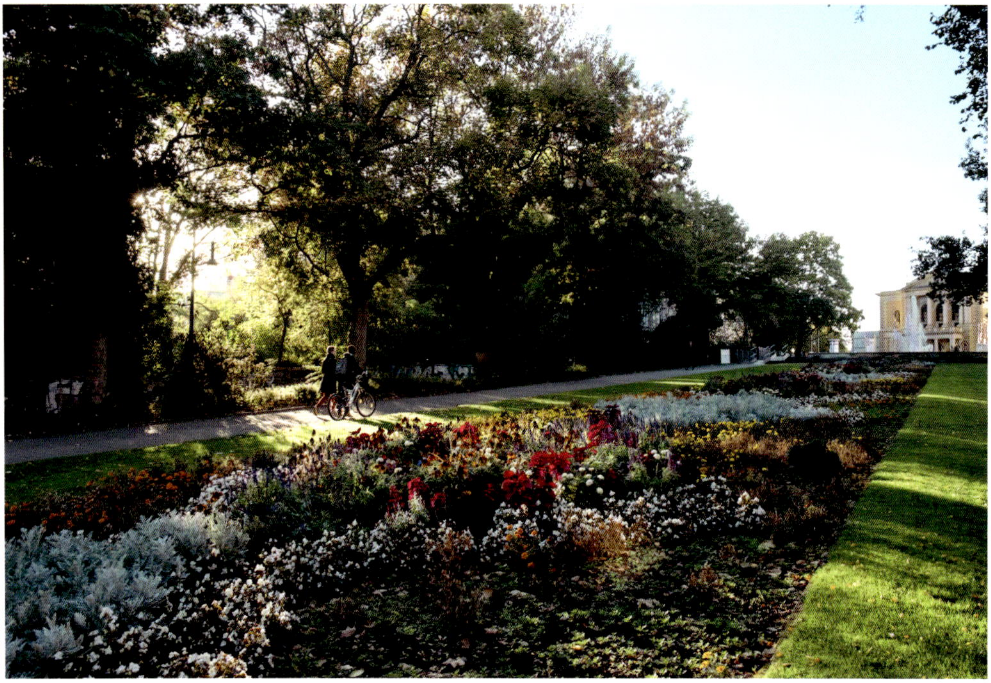

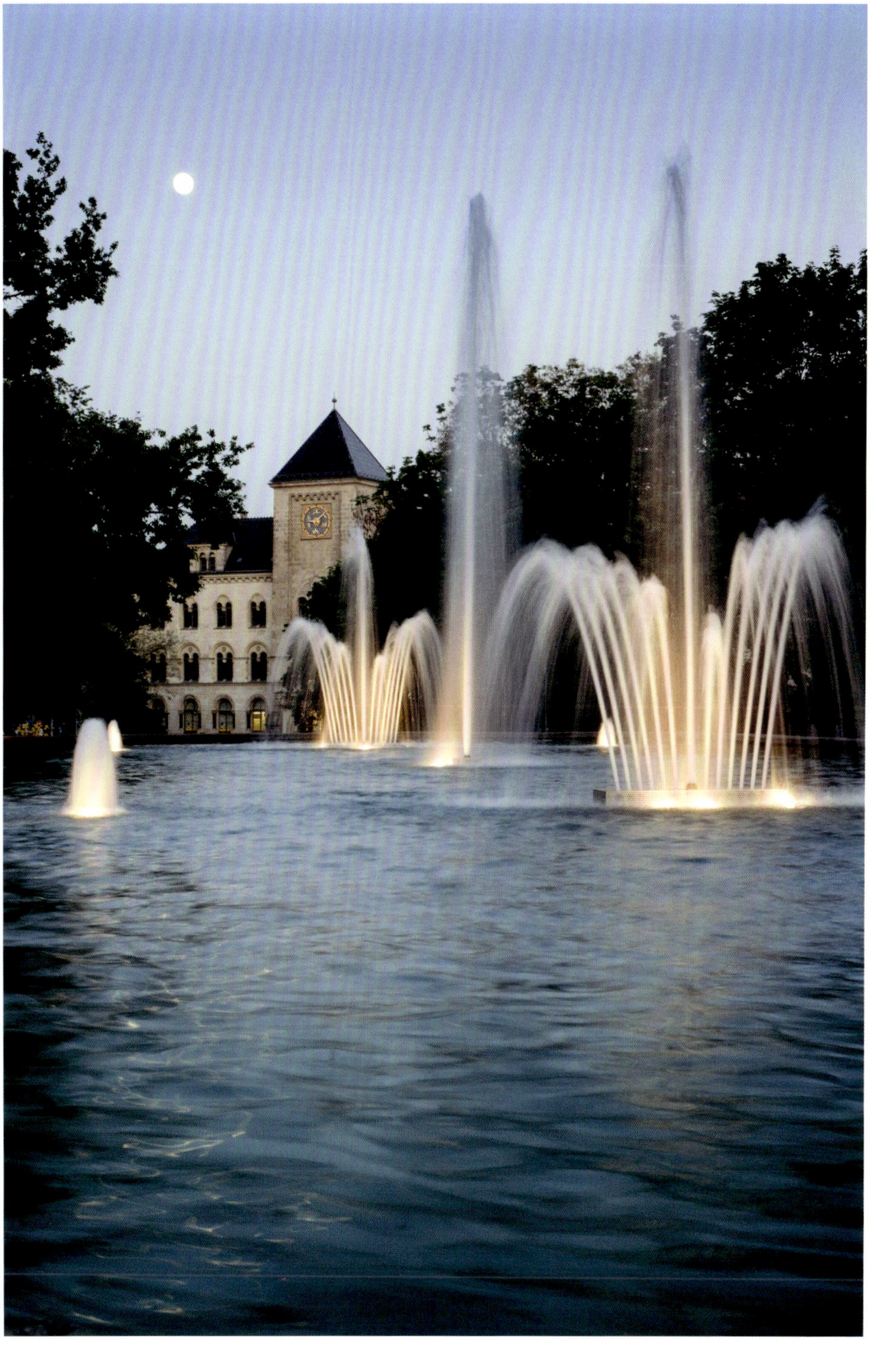

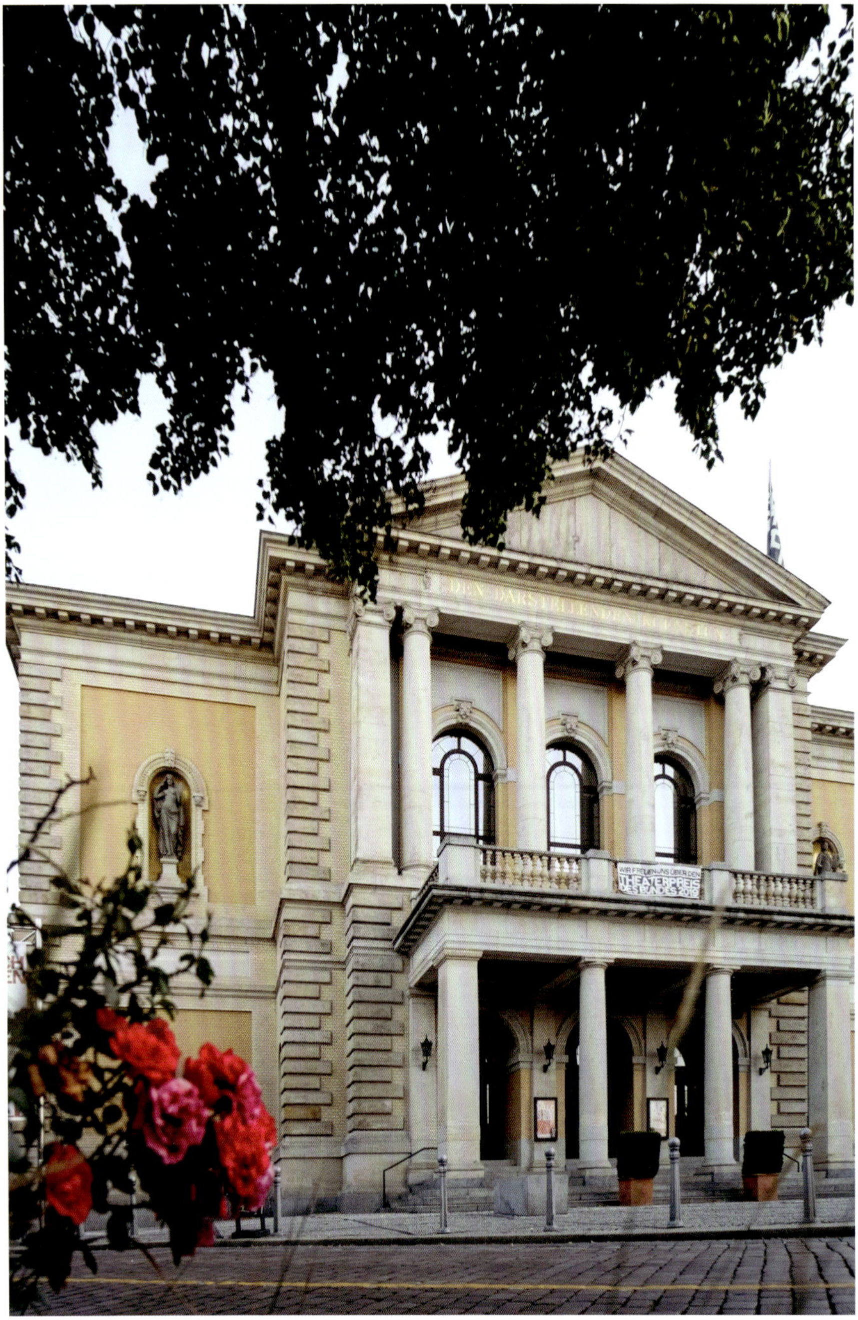
WIR FREUEN UNS ÜBER DEN
THEATERPREIS
DES BUNDES 2019

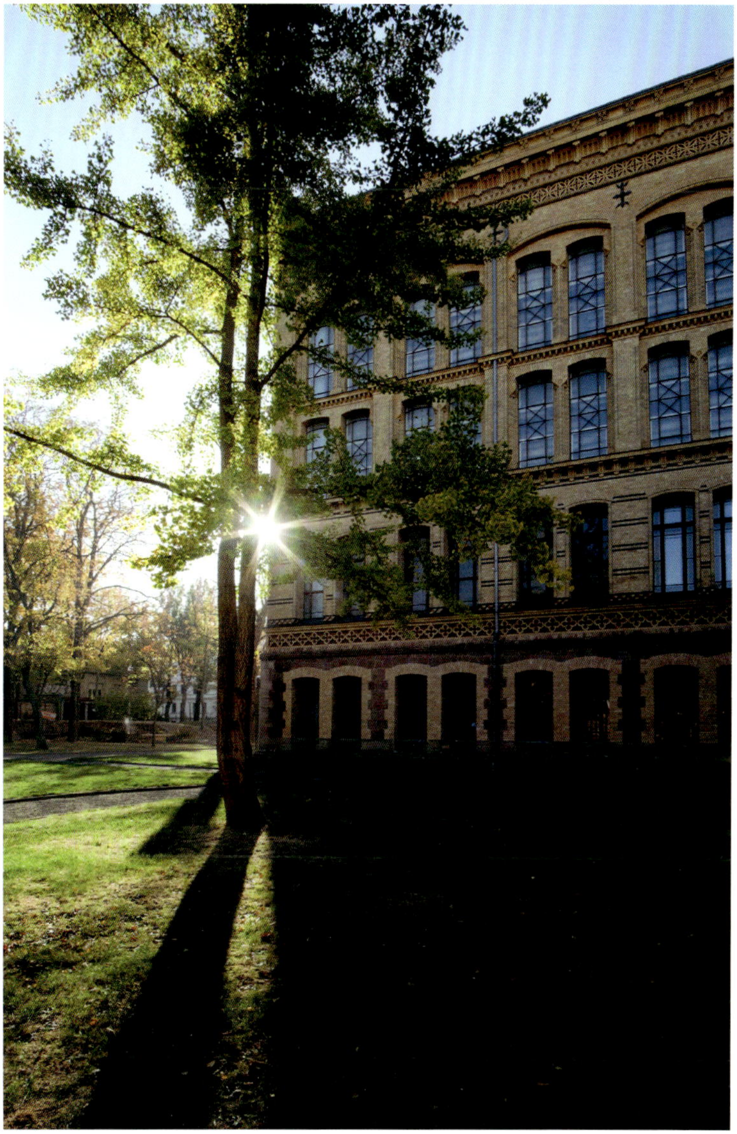

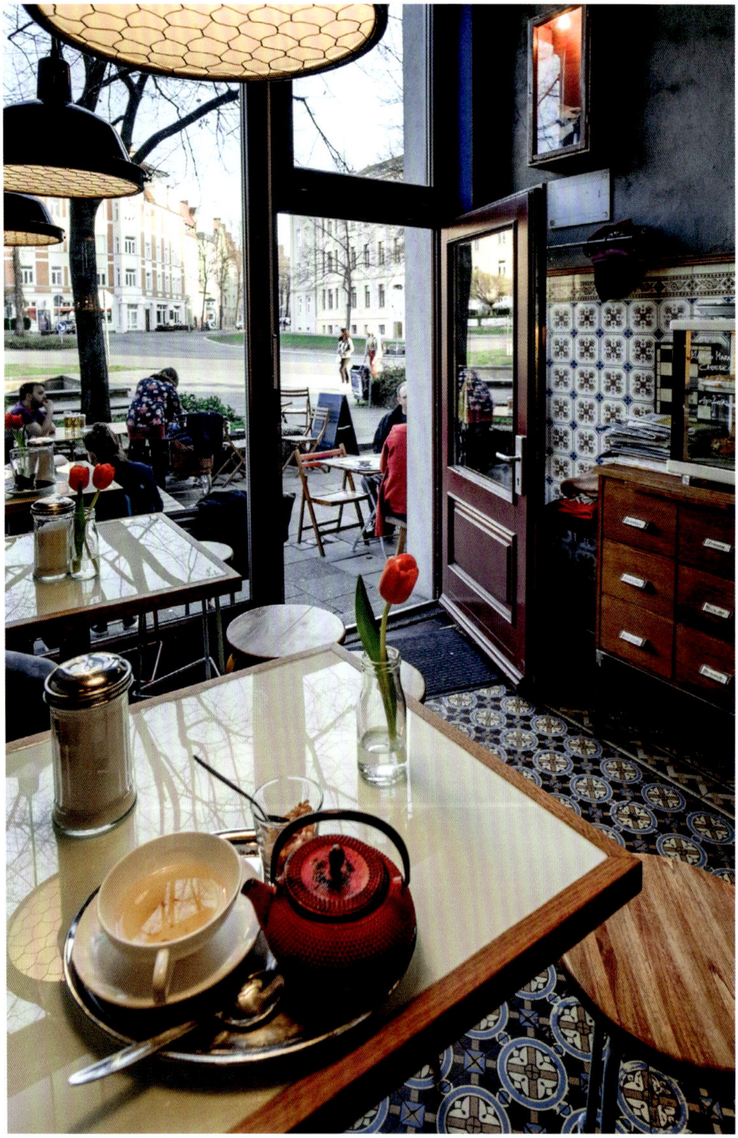

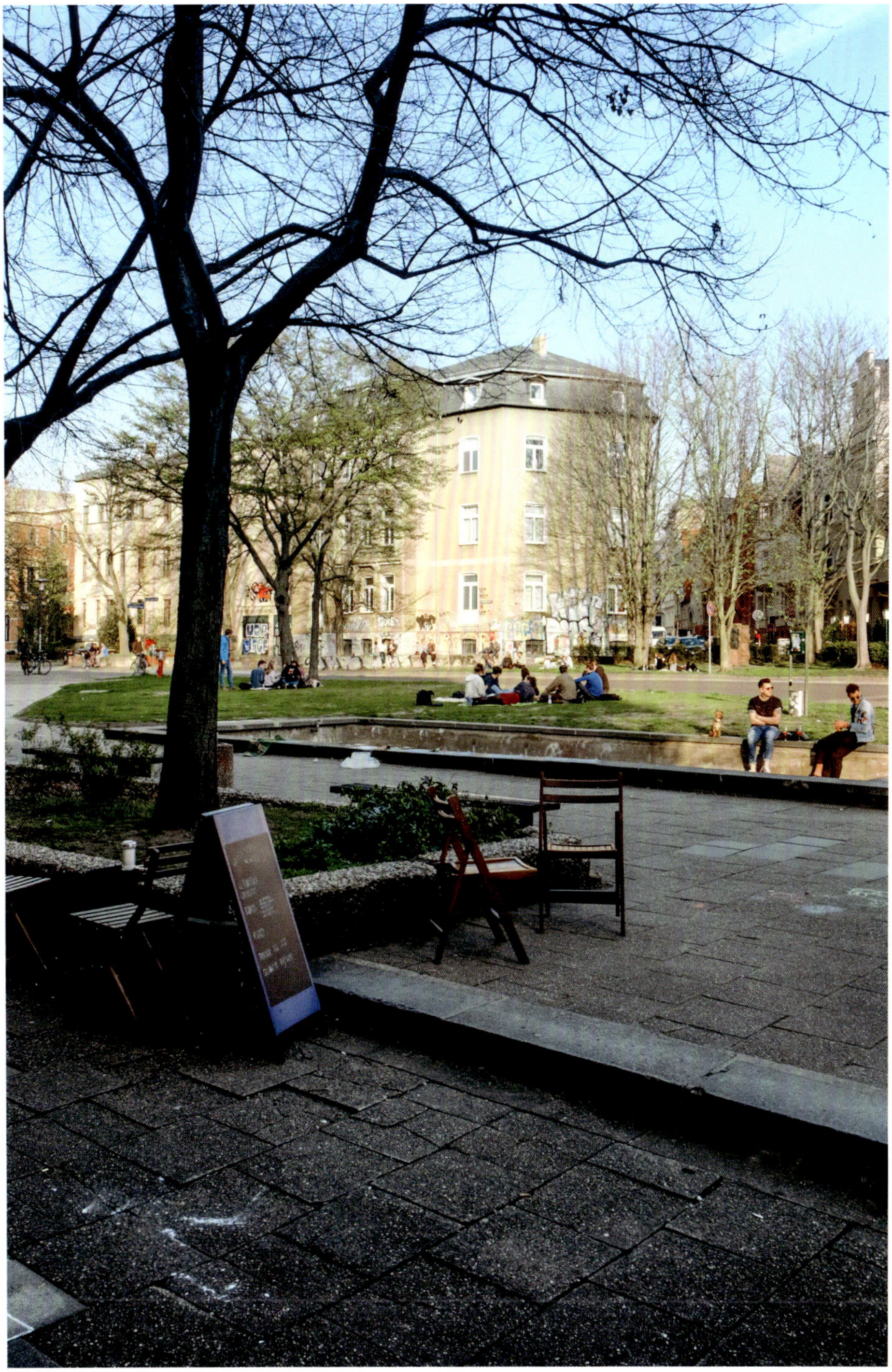

Auf Beutezug in Giebichenstein

Ein Sonntag im Februar, die Straßenbahnschienen liegen im gleißenden Licht. Die gusseisernen Zäune auf der Reilstraße werfen lange Schatten auf dem Gehsteig. Die Linie 12 saust dem Bergzoo zu und weiter hinunter nach Trotha. Am Straßenrand locken bunte Sachen zum Verweilen. Die muntere Frau, die aus dem Hauseingang tritt, ruft mir zu: »Früher habe ich meine Sachen auf eBay eingestellt, doch verschenken geht viel einfacher!« Eine Familie trägt einen Stapel Bücher und Kindersachen mit sich fort. So rege, wie die Hallenser ihr aussortiertes Gut vor ihre Häuser legen, habe ich das noch in keiner anderen Stadt erlebt. Die Dinge wandern wie von selbst weiter. Da ist es schon so manchem passiert, dass etwas ungebeten mitging, was nur kurz abgestellt werden sollte. An einem gepflegten Hauseingang der Richard-Wagner-Straße streifen gelbe hochhackige Schuhe meinen Weg. Auf der Mauer liegt die Zeitgeschichte ausgebreitet. Romane aus dem Siebzigern, ein Kinderteller mit Pandabär-Motiv aus Kahlaer Porzellan. Ich kann nicht widerstehen, noch einmal Halt zu machen. Mit meiner Beute in der Hand, lasse ich mich im Café »Ludwig« nieder. Am Wochenende liegt es den Hallensern fern, in Hektik zu geraten.

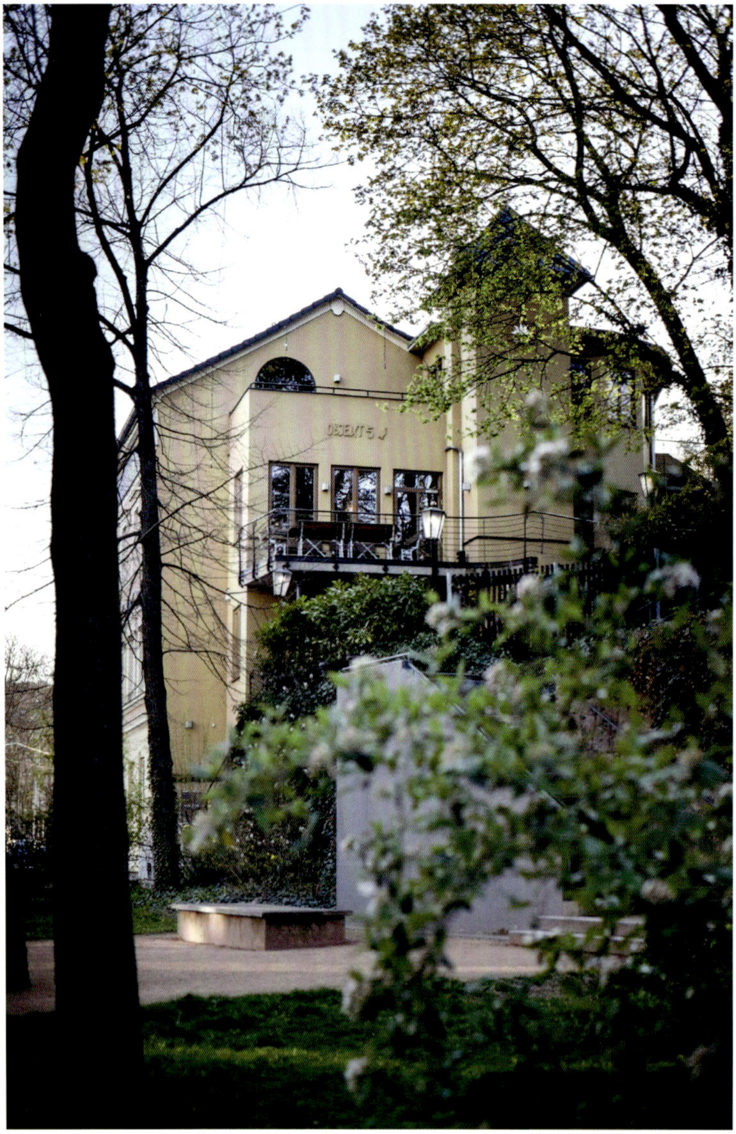
OBJEKT 5

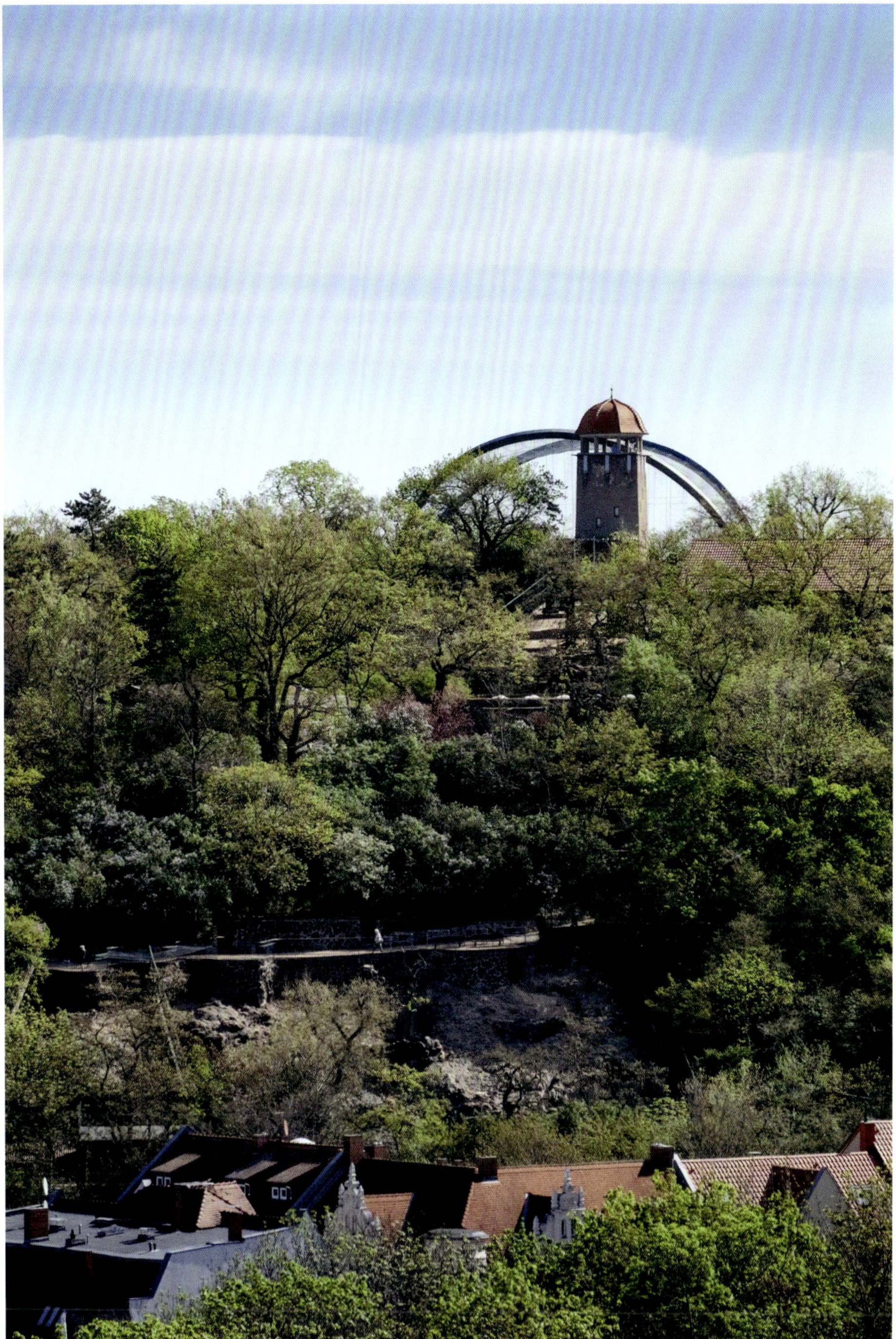

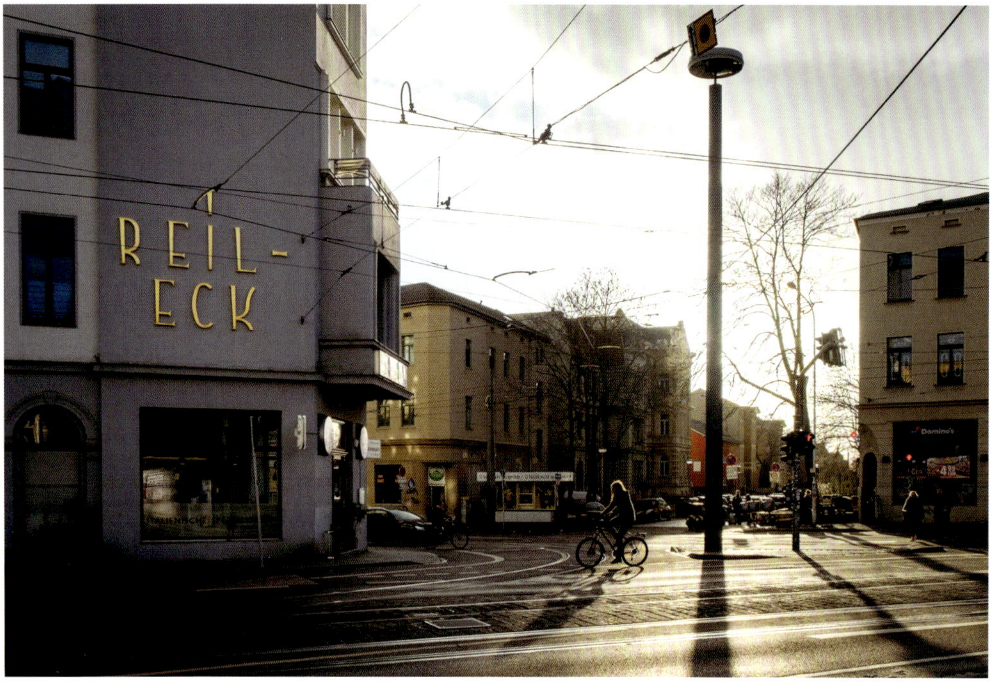
REIL-
ECK

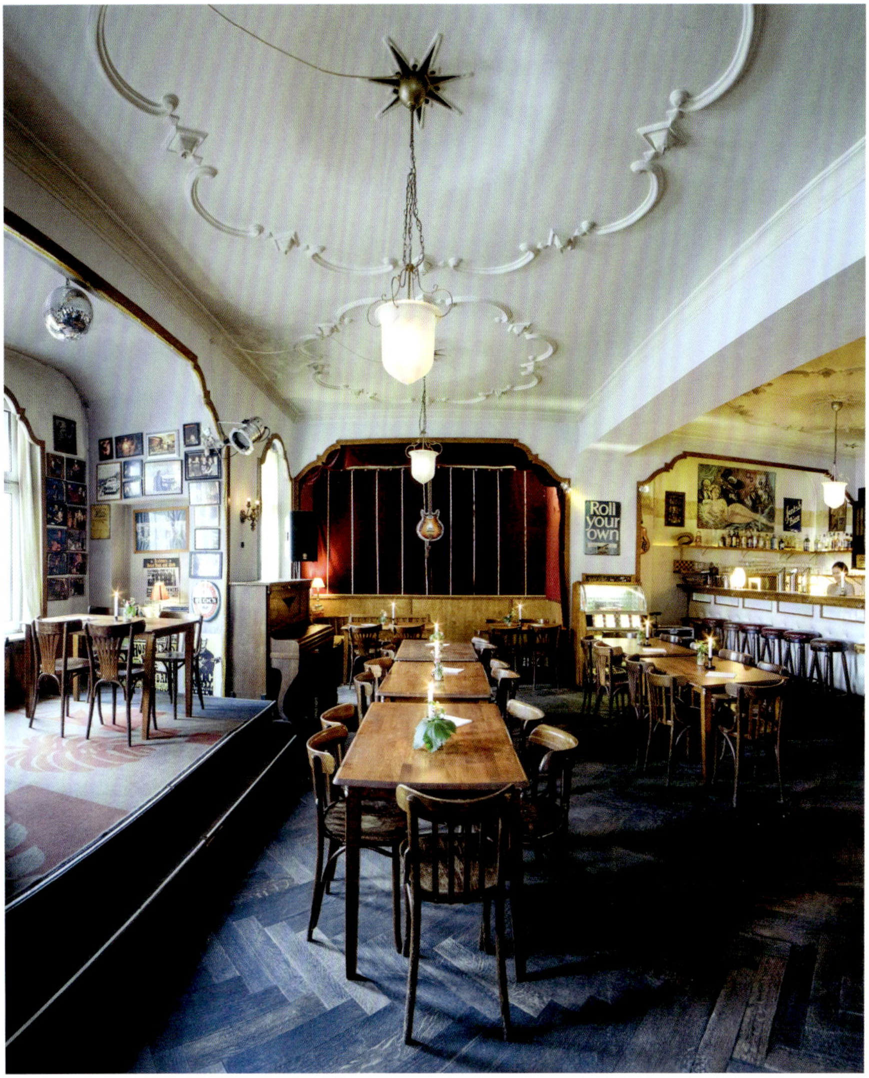
Roll
your
own

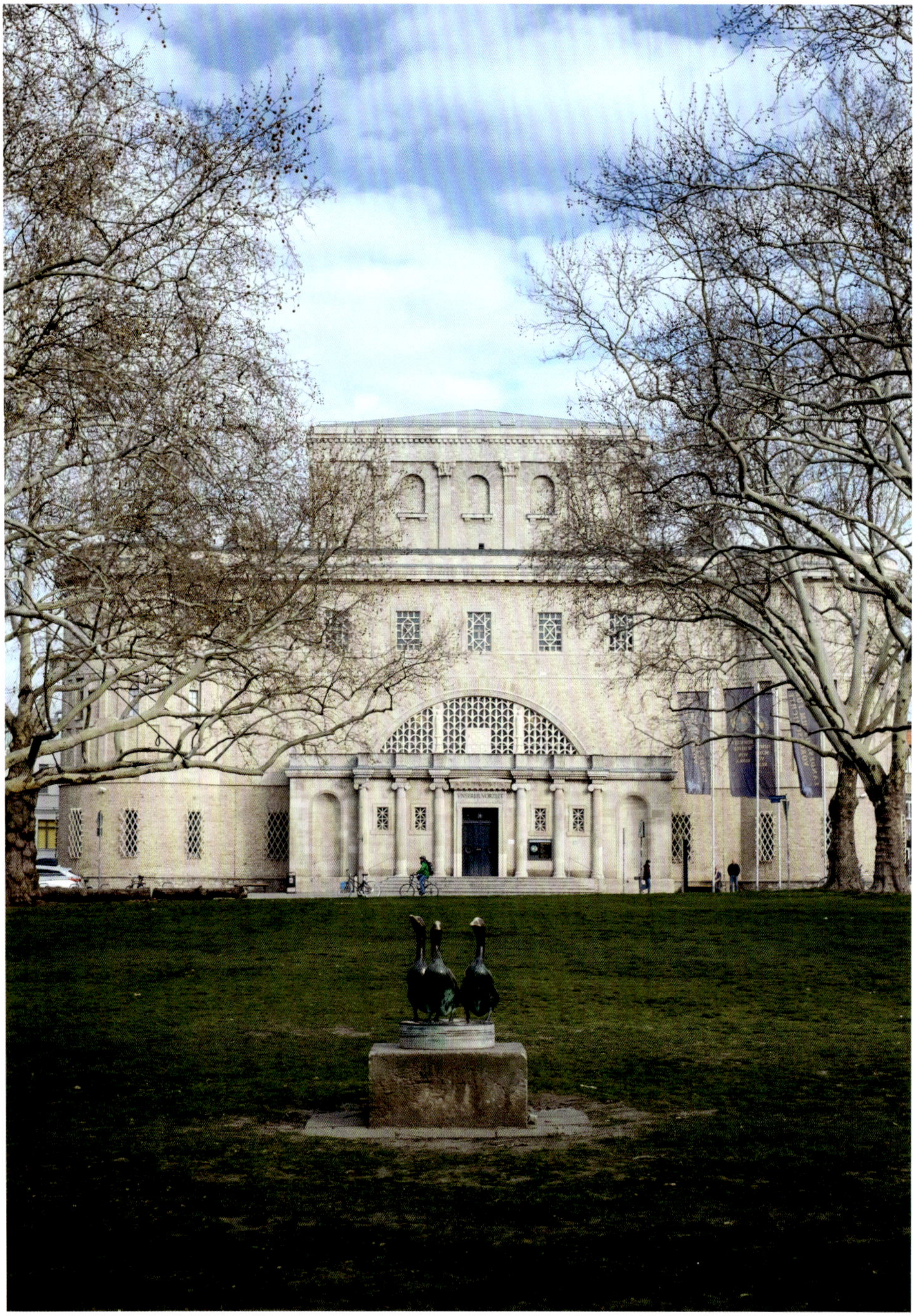

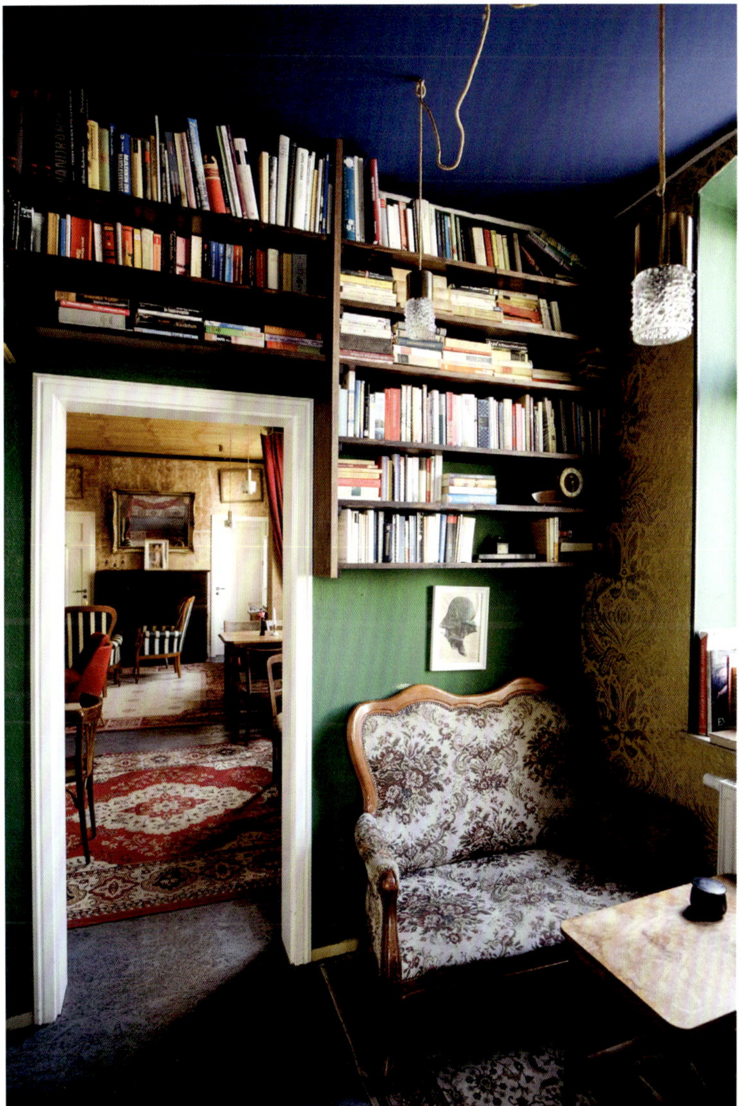

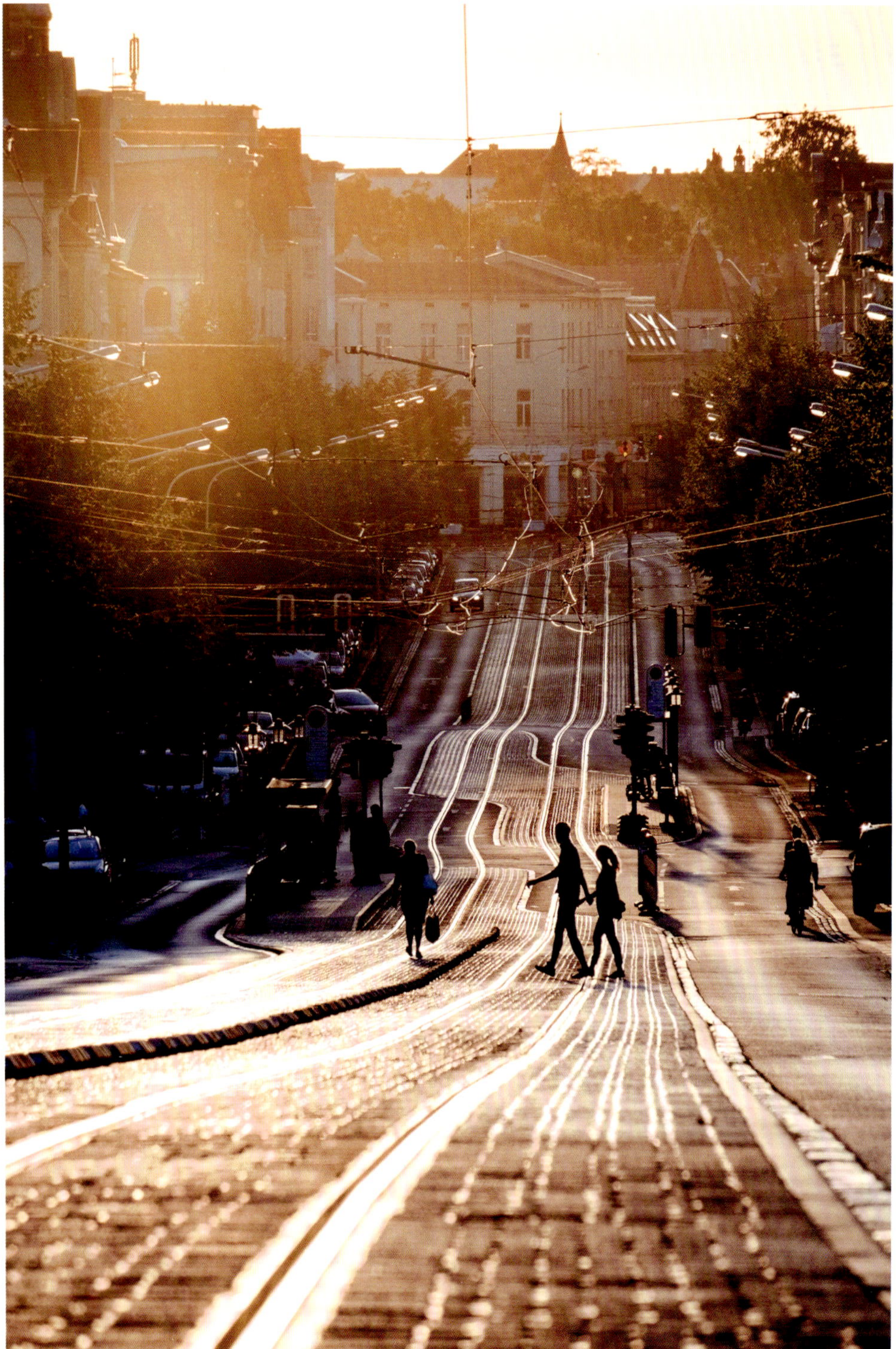

Ich will sie nicht missen, diese alten Damen

Die letzten unsanierten Häuser im sich herausputzenden, hippen Paulusviertel gleichen alten Damen, die noch vieles von Halles Dasein als »Diva in Grau« wissen. Diese Häuser atmen zwischen allen frisch und schön Sanierten ihren eigenen Charme. Ich will sie nicht missen, diese Häuser mit kleinen Mieten, in deren Treppenaufgängen der Putz abbröckelt und der Kohlenstaub hängt. Das Klo auf halber Treppe, das Bad in der Küche. Geliebte Räume und Biotope für all jene, die es ›noch nicht fertig‹ lieben. Häuser mit ungezählten Möglichkeiten, in denen ungestört gefeiert wird bis in die Morgenstunden. Häuser, in denen die Fahrräder sich im Treppenhaus wild aufeinandertürmen, wo die Hinterhöfe im Schein des Feuers zum Zusammensein rufen, die Klingelschilder mit ihren hundert Namenschildern einen Urwald bilden und die Dachböden Luken offenhalten für den Aufstieg auf das leicht geneigte Flachdach. Hoch oben gibt es Frühstück beim Anblick der Pauluskirche, welche die Kinder hier als freundliche Rakete zeichnen.

Holly-, Ecke Lessingstraße *Antiquitätenverkauf im Paulusviertel* *Kleiststraße* *Carl-von-Ossietzky-Straße*

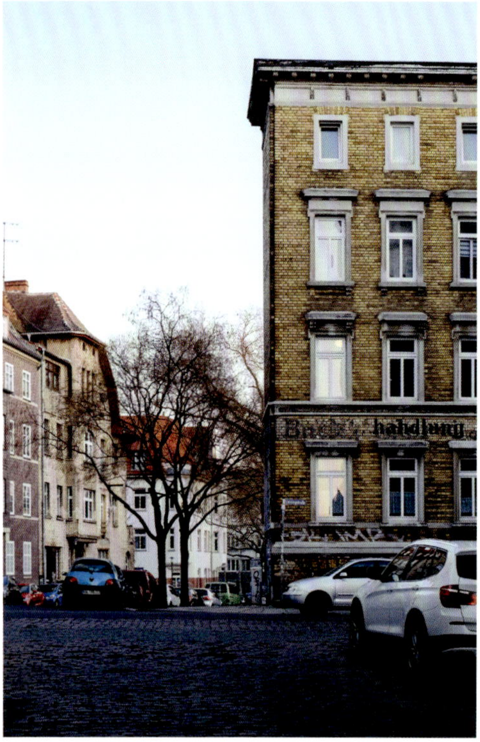

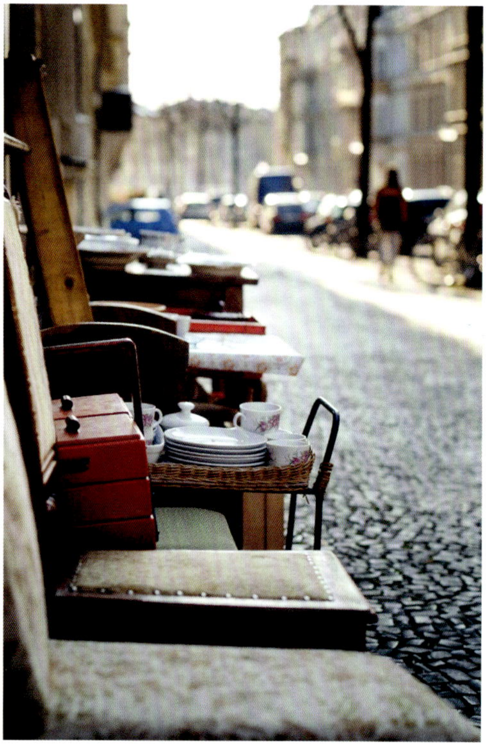

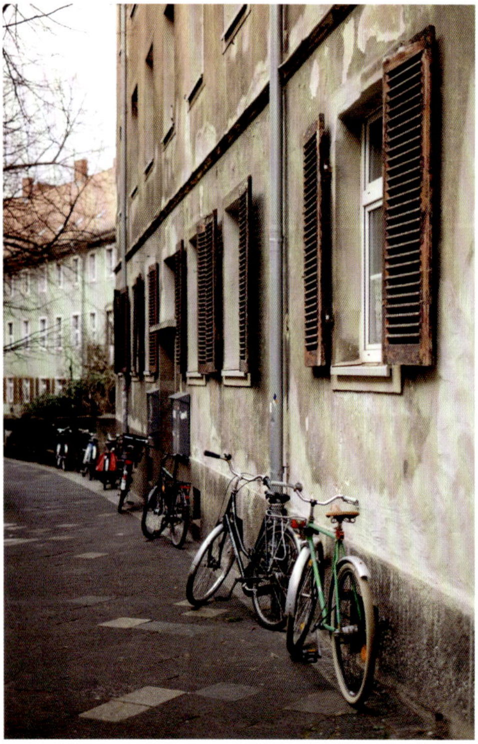

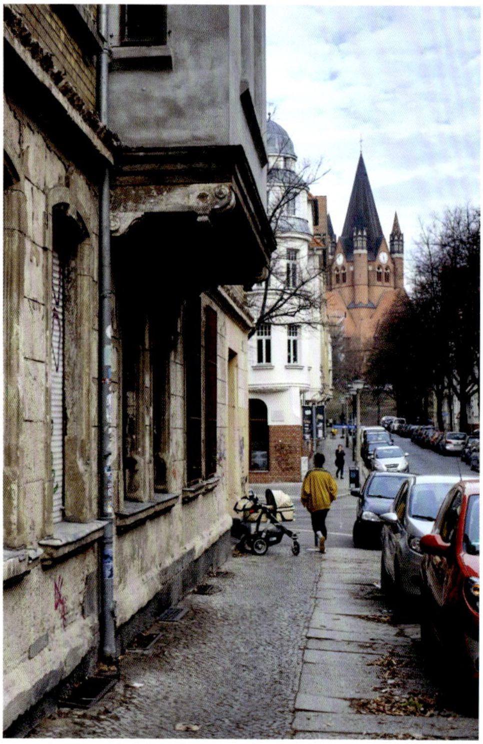

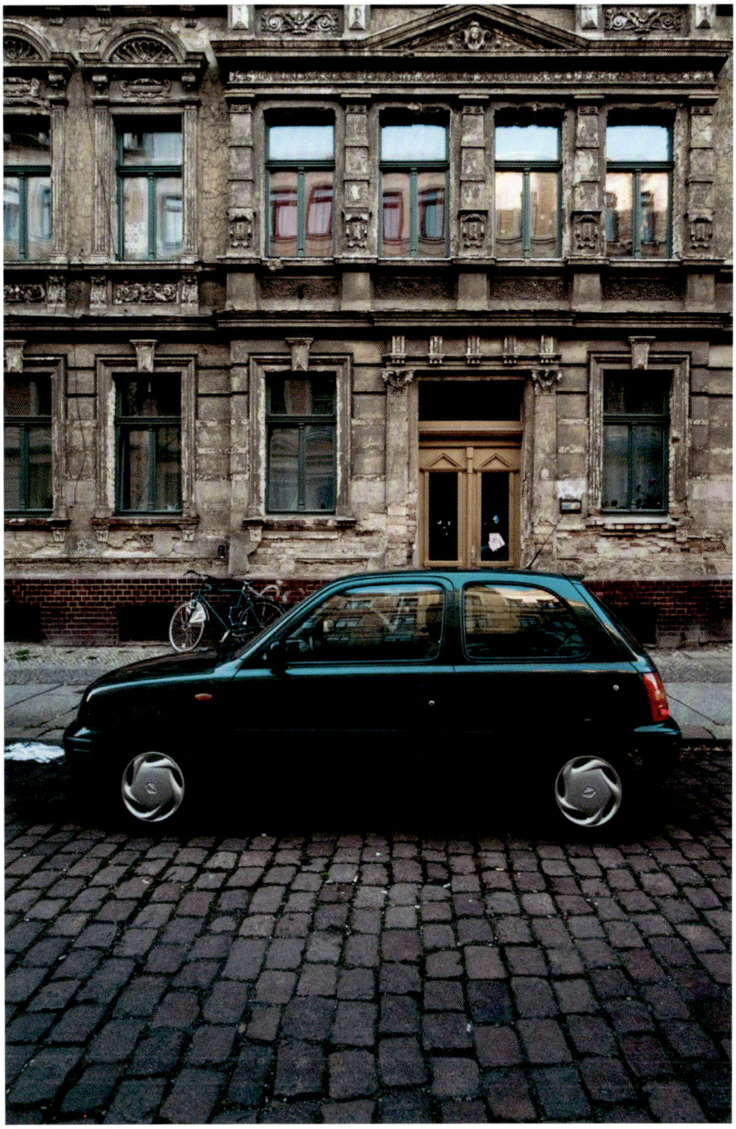

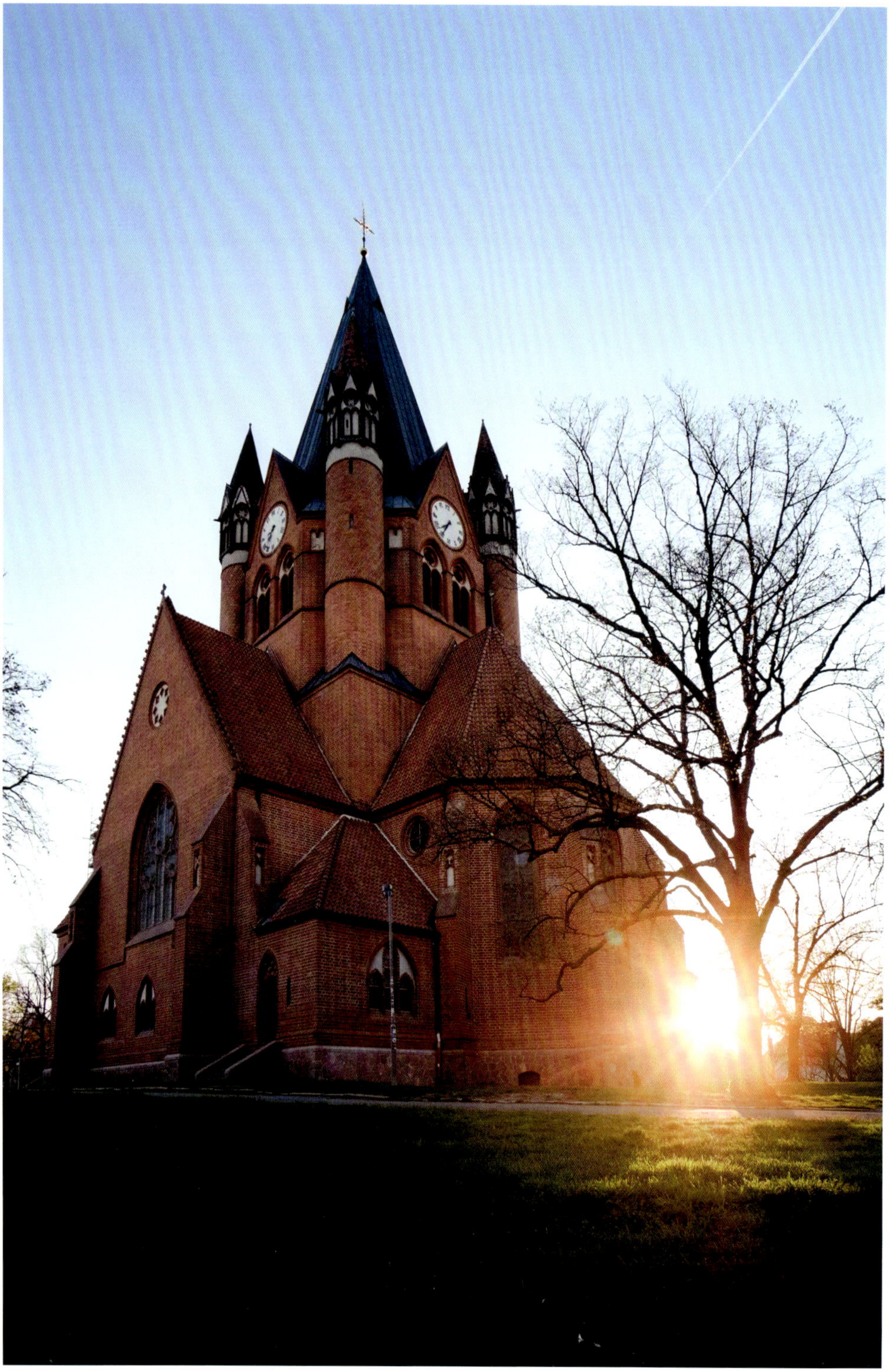

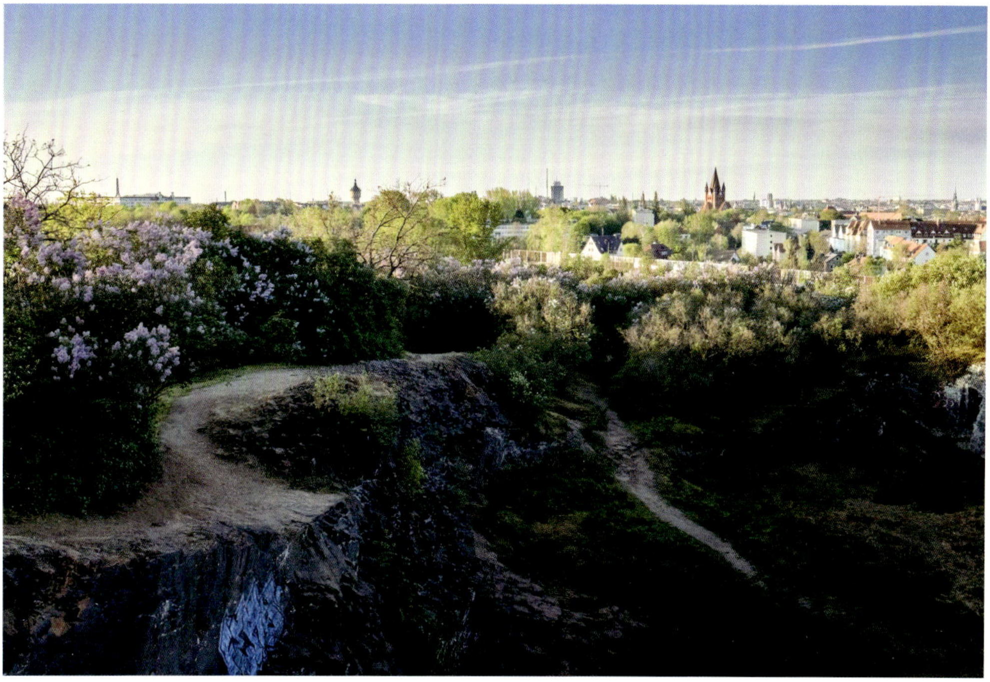

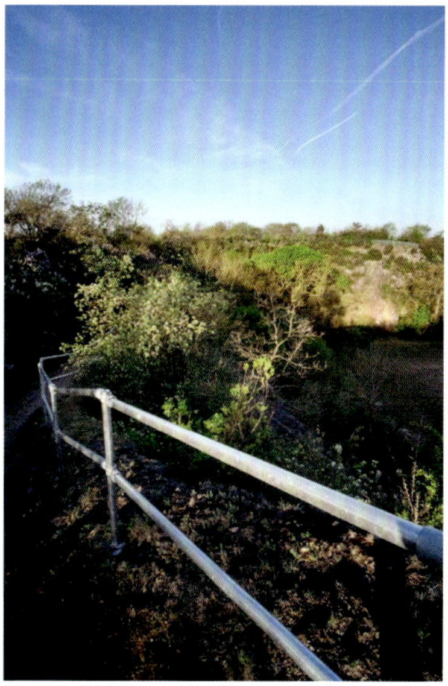

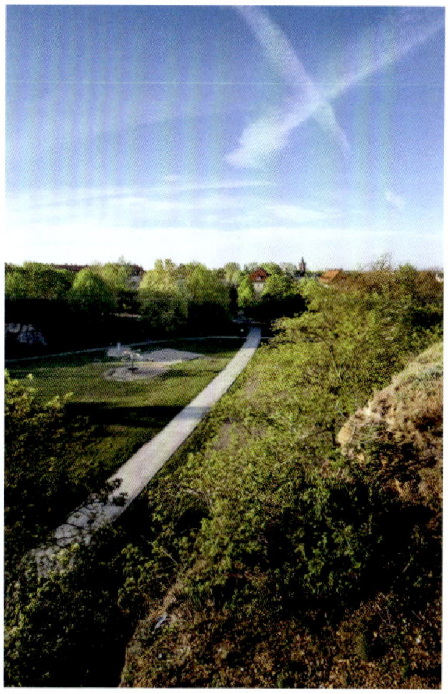

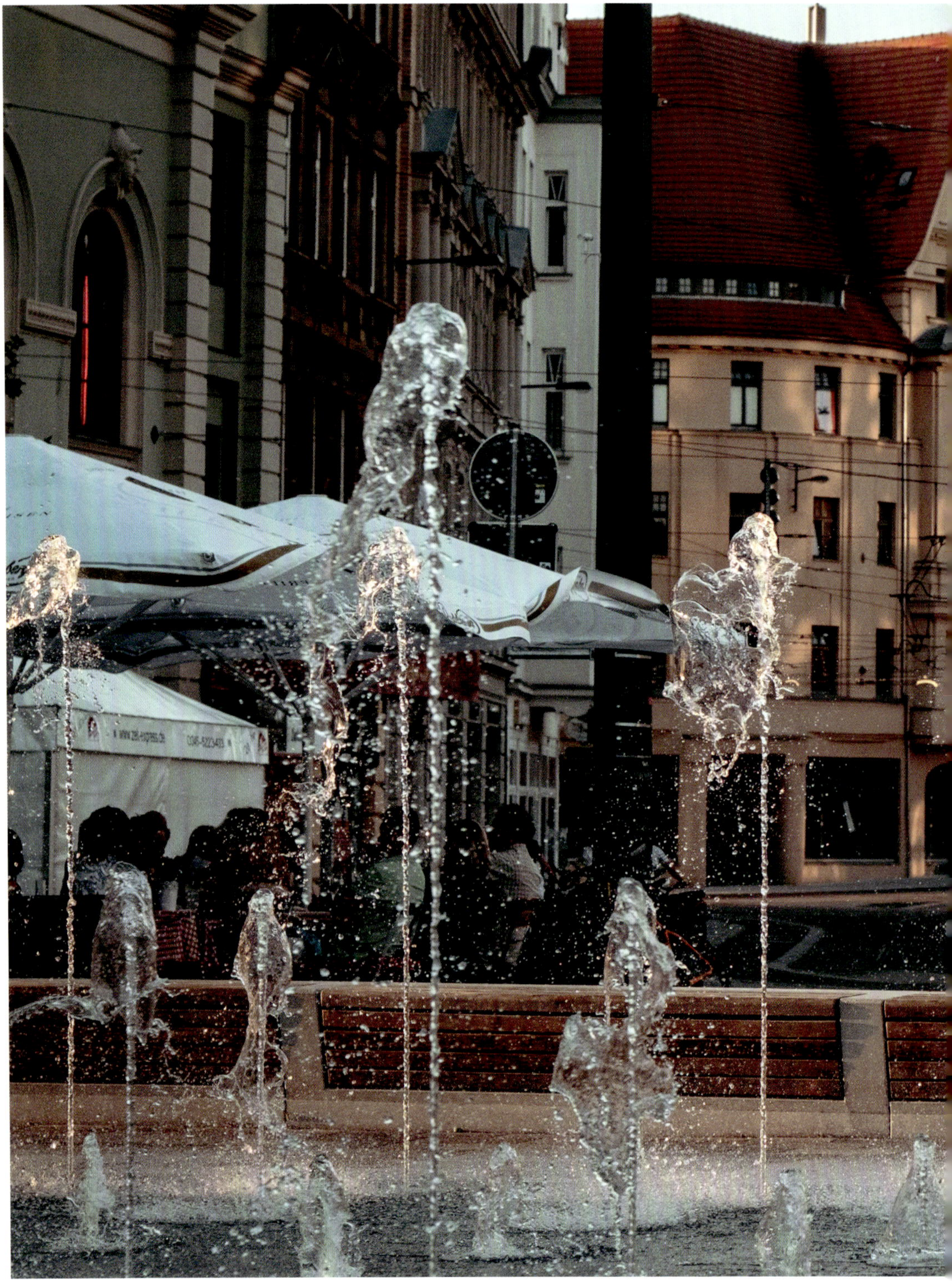

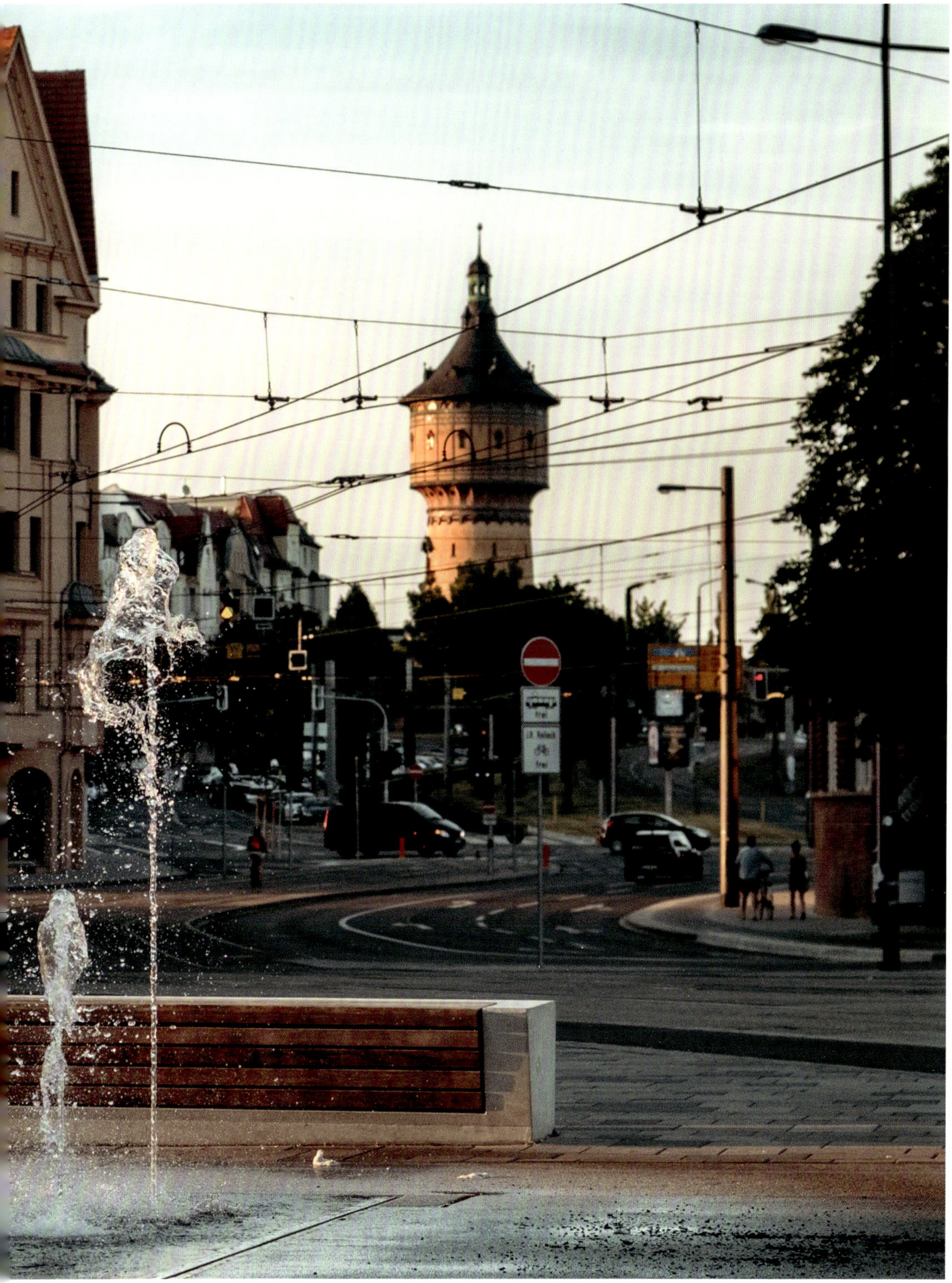

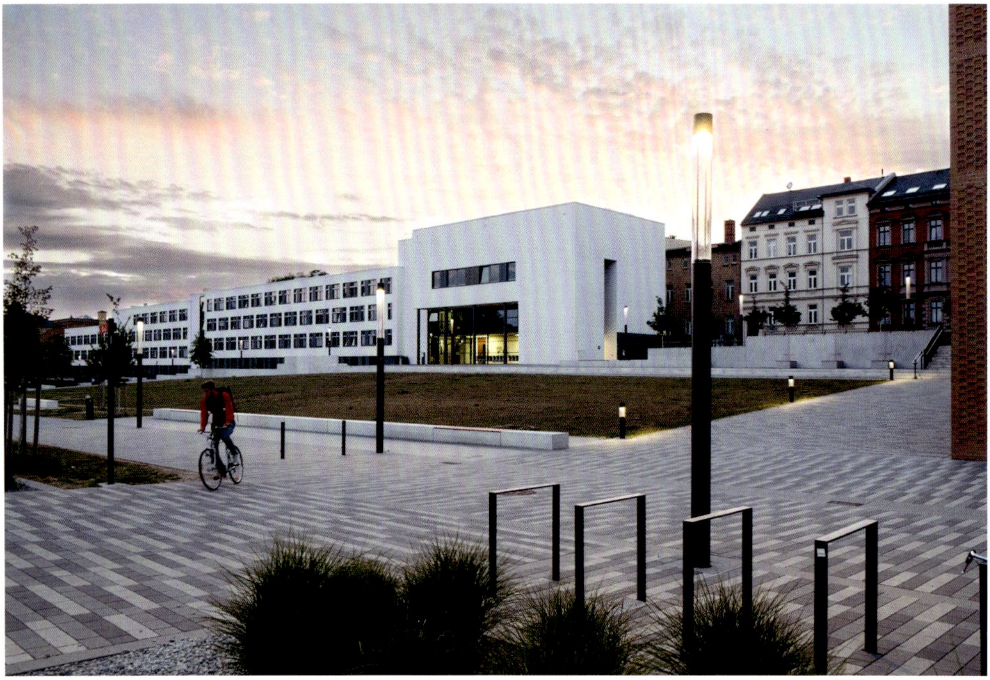

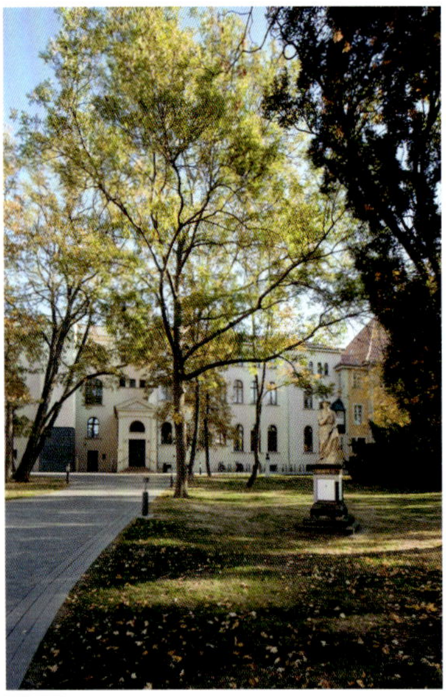

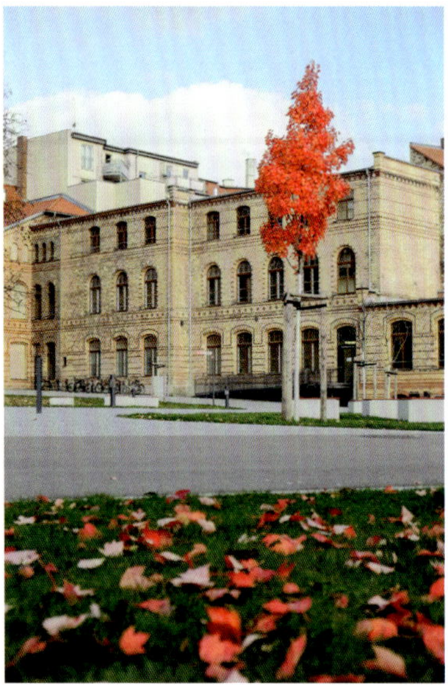

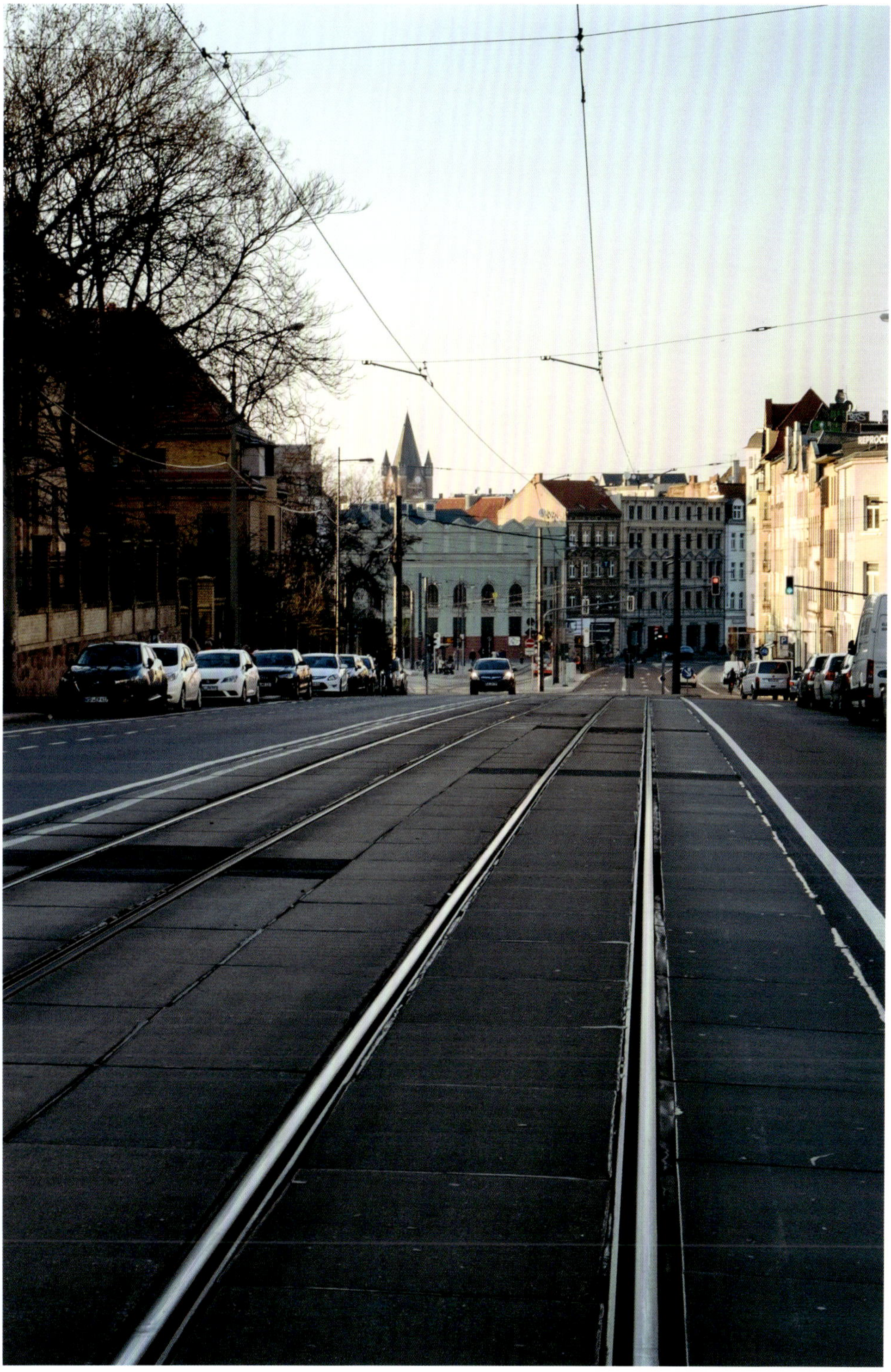

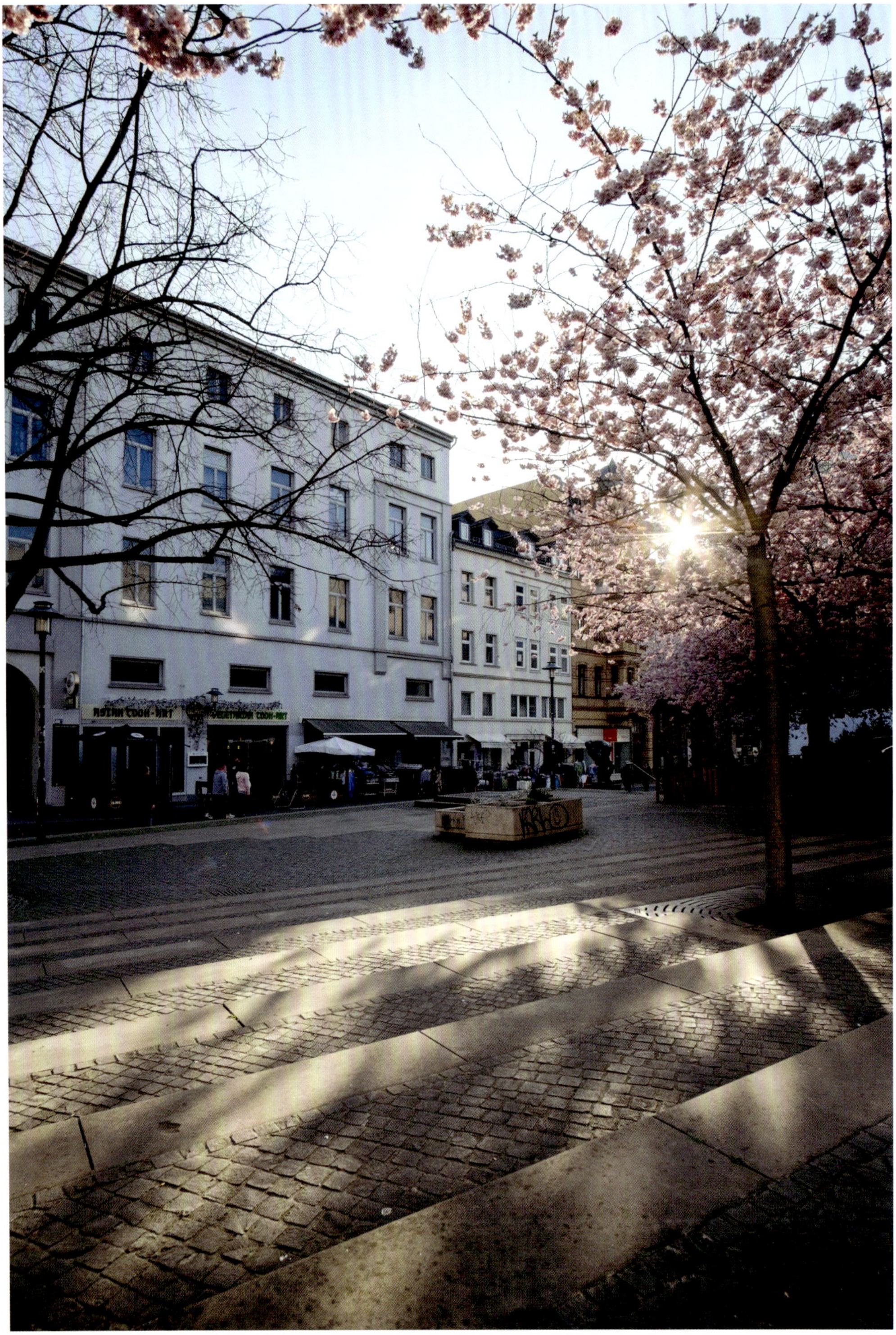
ASIAN COOK-ART

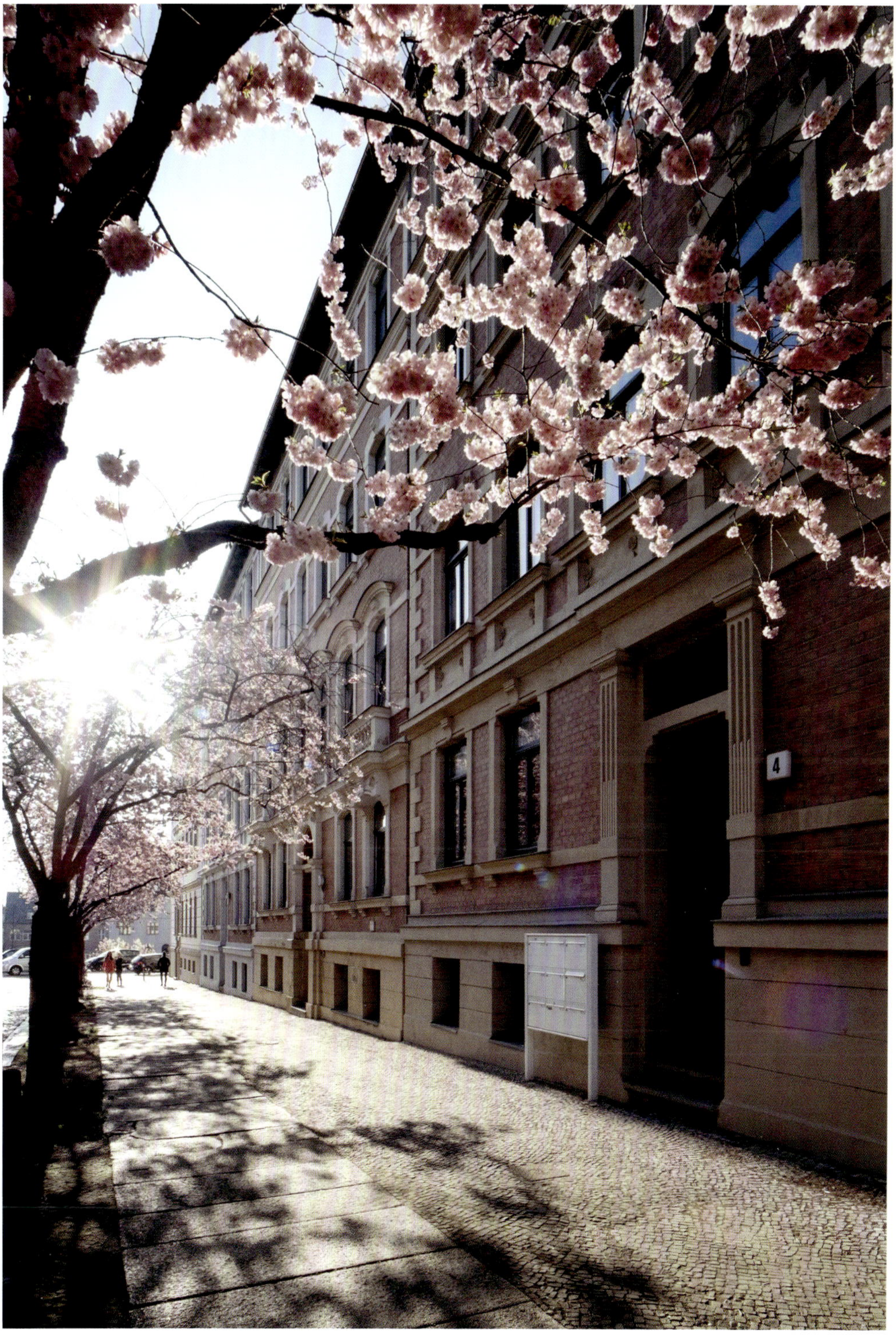
4

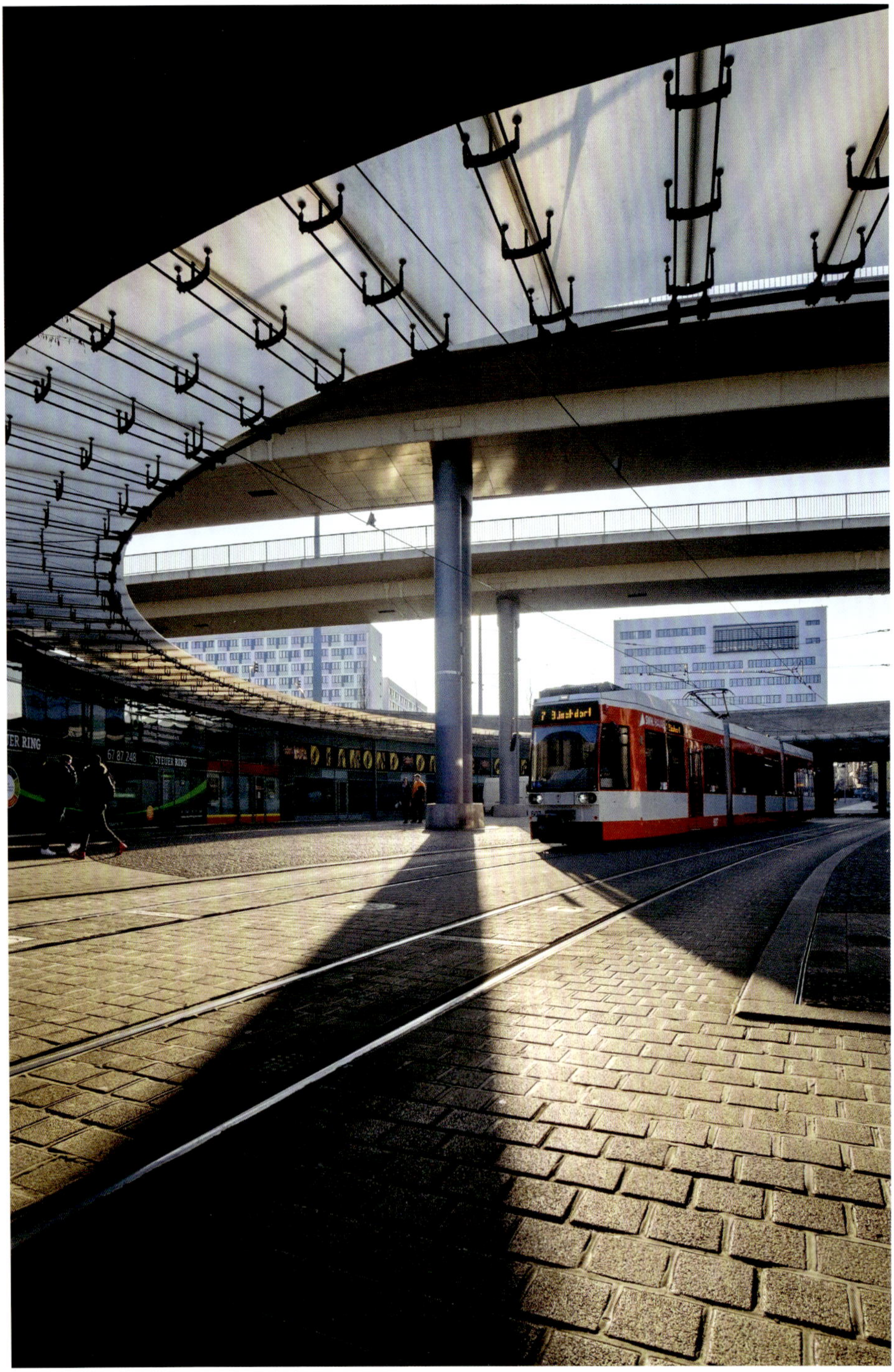
ER RING
67 87 248
STEUER RING
DIAMOND

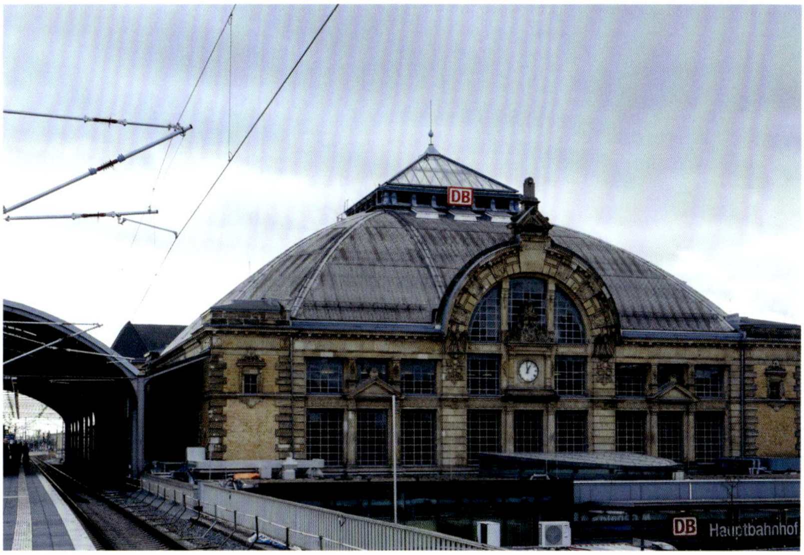
DB
DB Hauptbahnhof

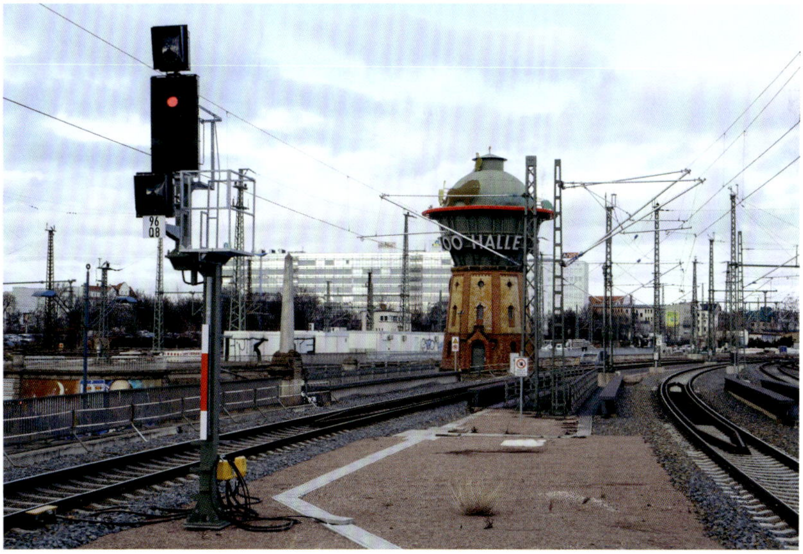
96
Q8
HALLE

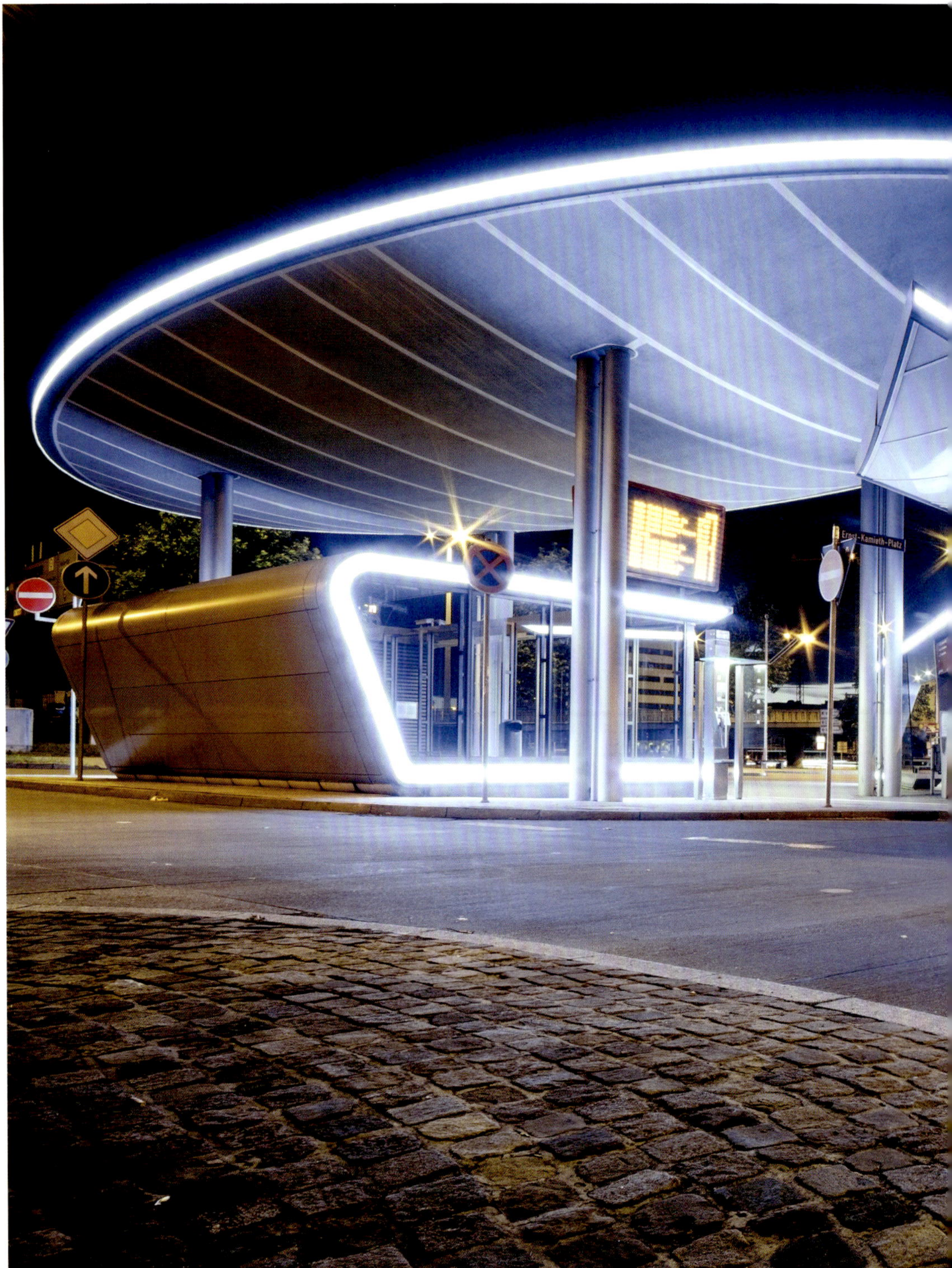
Ernst-Kamieth-Platz

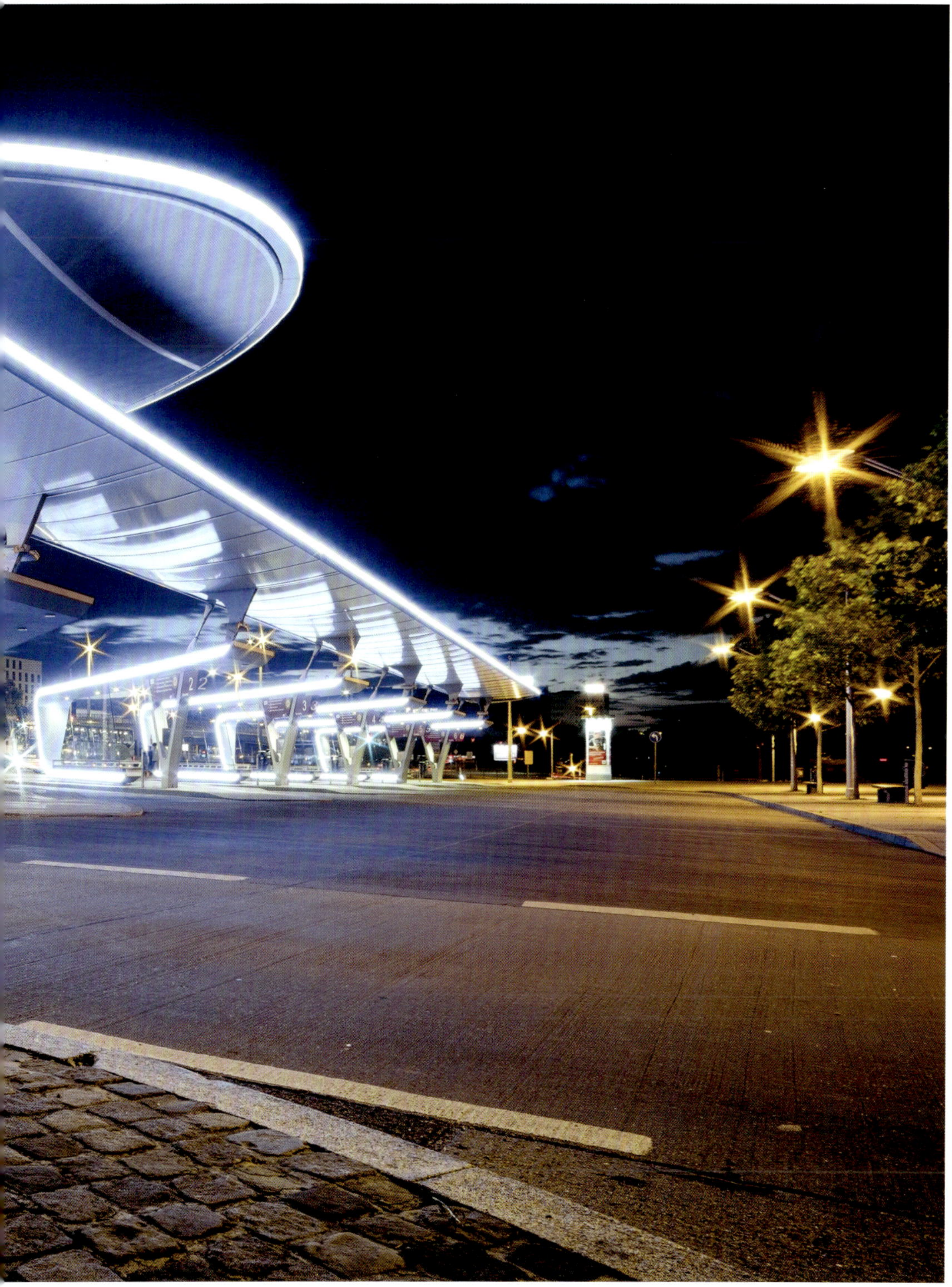

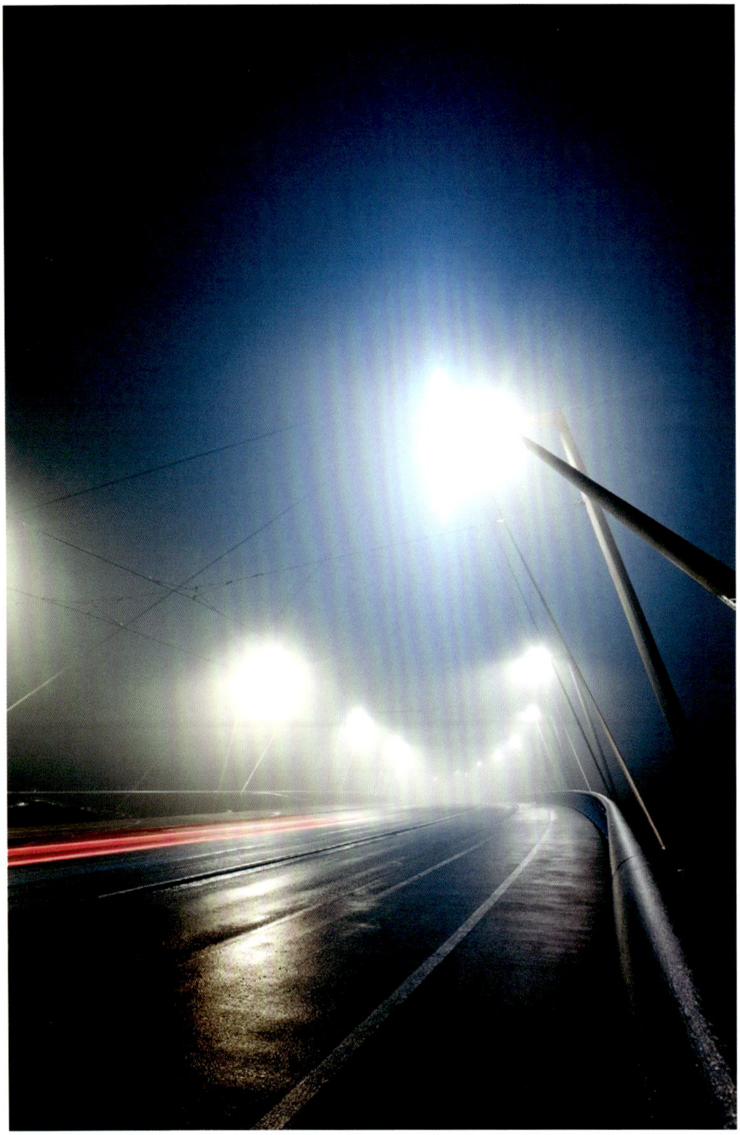

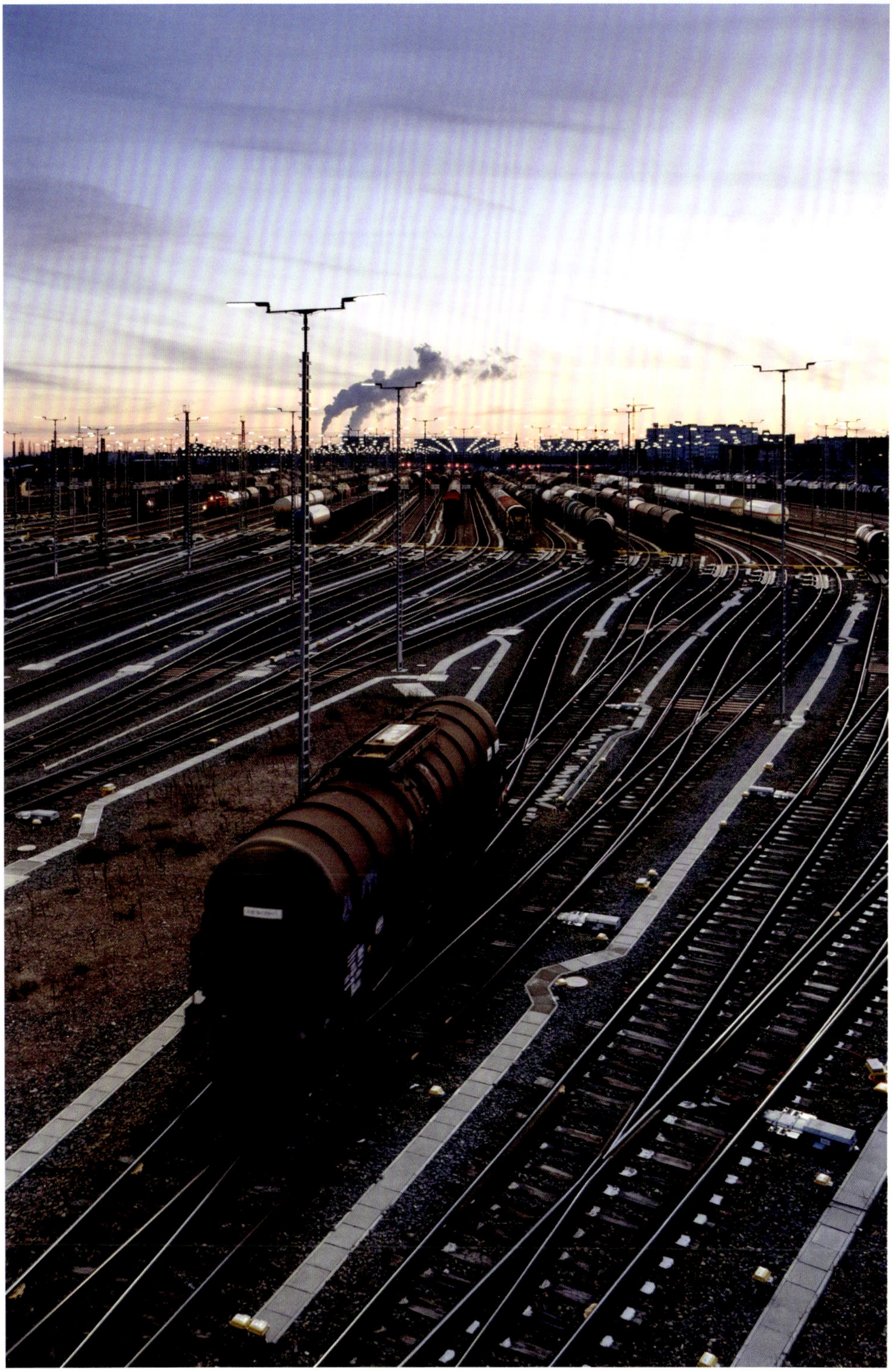

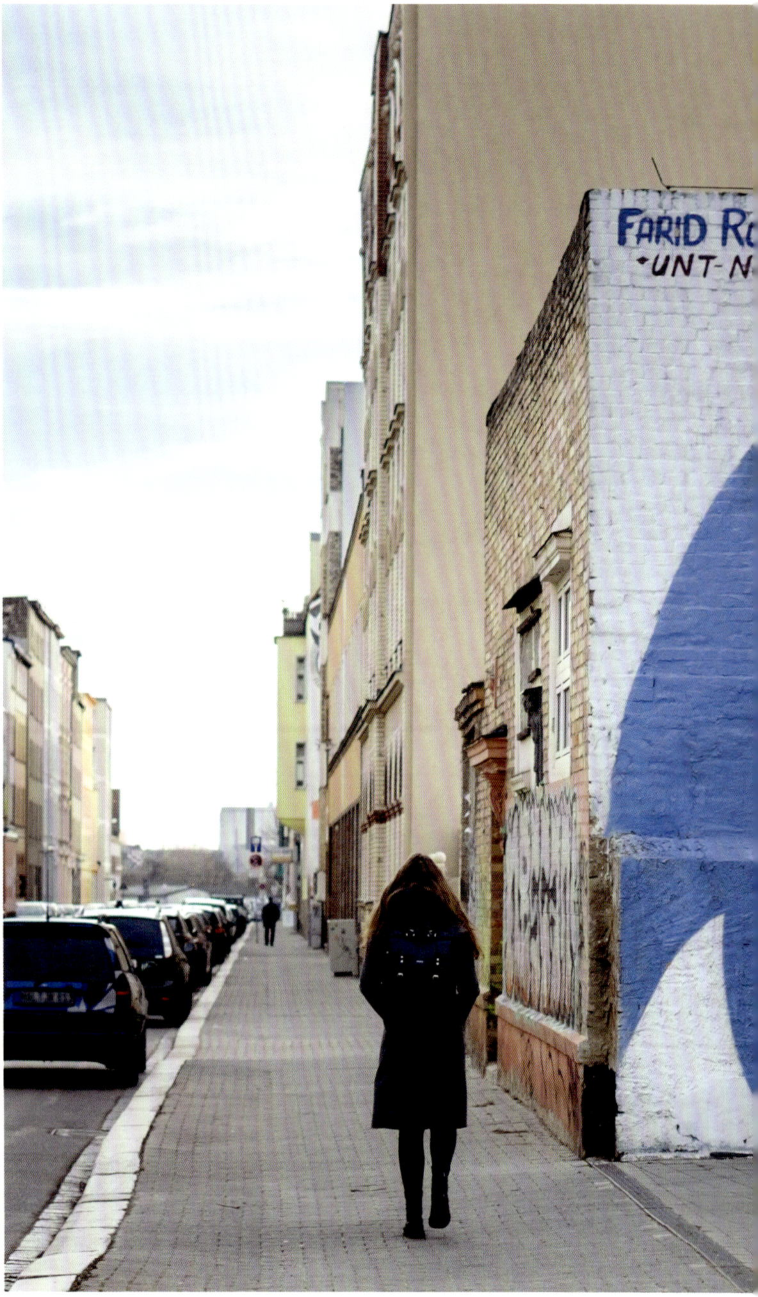
FARID R
UNT-N

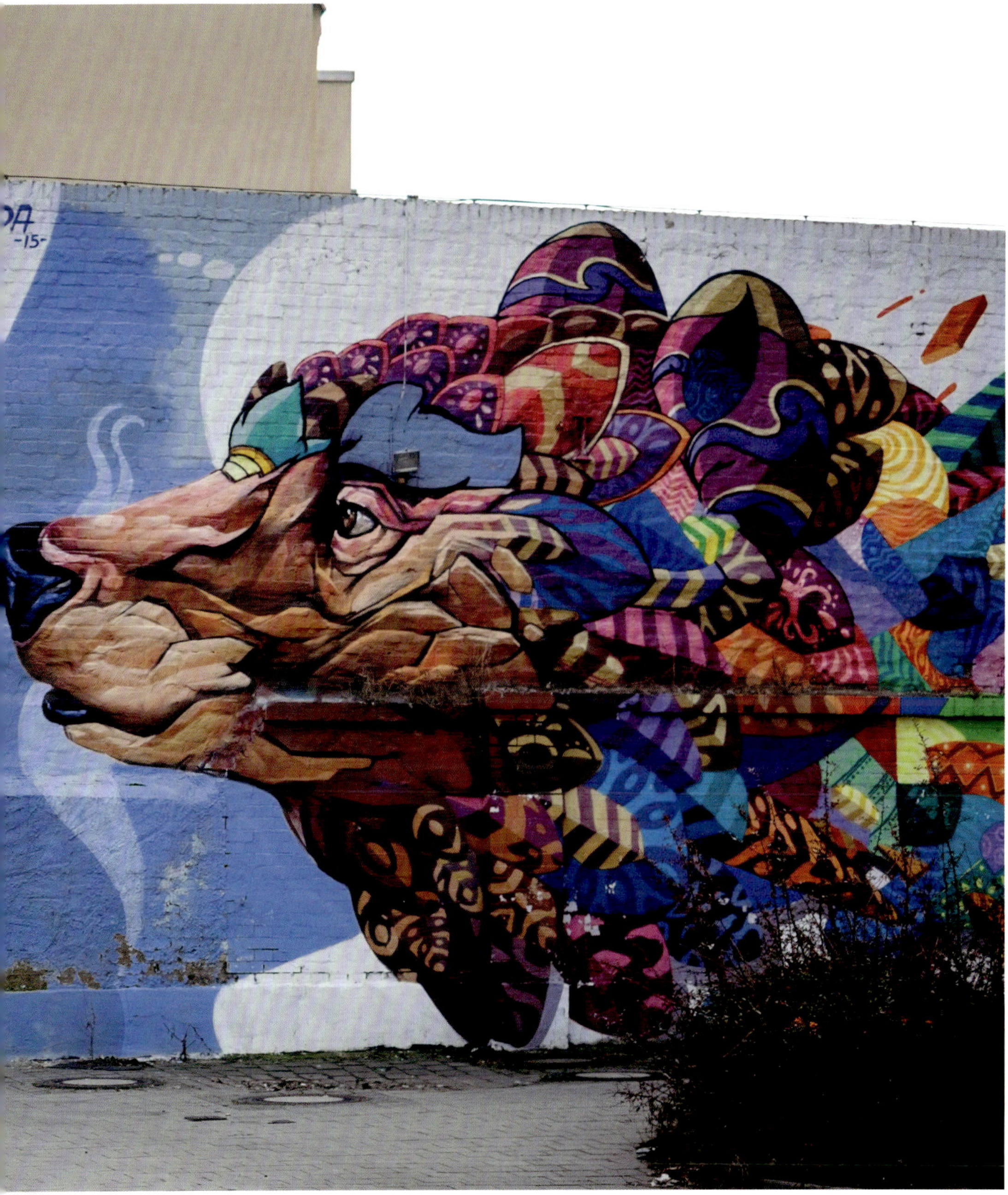

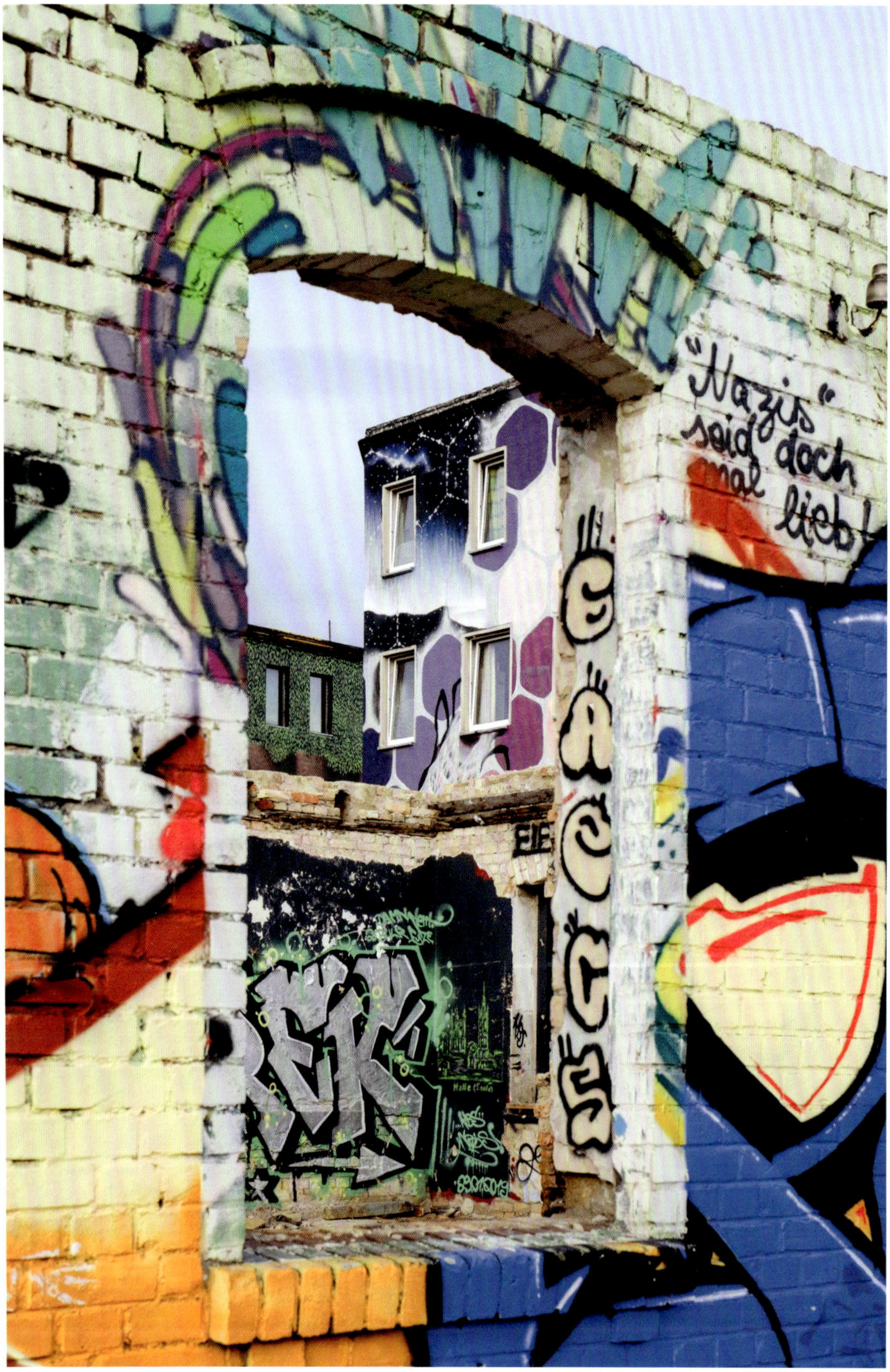
"Nazis"
seid doch
mal lieb!

May the best of your today be the worst of your tomorrows

»Mein Viertel ist das bunteste von Halle«, sagt der junge Mann mit Stolz in der Stimme, das winzige Tattoo unter seinem linken Ohr wippt frech neben mir her: »Im Sommer backen wir Pizza in unserem Ofen im Bürgerpark, und das ganze Viertel trifft sich und feiert Party, komm doch mal vorbei!« Hinter den Gleisen, dicht am Bahnhof gibt es Raum, freien Raum, auch wenn schon einige Häuser topsaniert sind und die Mieten steigen. Ich schlendere zum Bürgerpark, einer ehemaligen Brachfläche, wo jetzt Bäume gepflanzt sind und auf den neuangelegten Wegen Leute ihre Foxterrier ausführen. Dort lasse ich mich in den Schaukelstuhl der Selbstliebe fallen, einen Sitz, gezimmert aus Baupaletten und Fantasie. Das gegenüberliegende Haus überziehen Bienenwaben. Sie verknoten sich ineinander, laufen auseinander wie die Gleise, auf denen die Züge nicht weit von hier aus allen Richtungen vorbeisausen. Wohin mein Auge blickt, entdecke ich Wandgemälde, und manchmal kann ich den Himmel von den Fassaden nicht mehr unterscheiden. Ich lasse mich gern täuschen vom zerfurchten Gesicht eines alten Mannes, von wilden Dschungeltieren, die auf die Straße hinabspringen. Ein Graffiti-Jesus sitzt beim letzten Abendmahl mit seinen Jüngern, die apathisch auf ihre Smartphones starren. Die Sprayer ließen sich einladen, das Gesicht des tristen, nahezu leerstehenden Viertels zu verändern. Manche von ihnen blieben, wohnten sich ein, wollten die Atmosphäre nicht mehr missen. Entstanden ist eine riesige Galerie unter freiem Himmel. Der Anflug eines Gefühls von New York, Broadway erfasst mich, als Jugendliche mit Kapuzen auf den Mauern einer kleinen Ruine campieren. Beschwingt von all den Bildern, steige ich in die Straßenbahn ein und rausche über die Berliner Brücke zum Steintor.

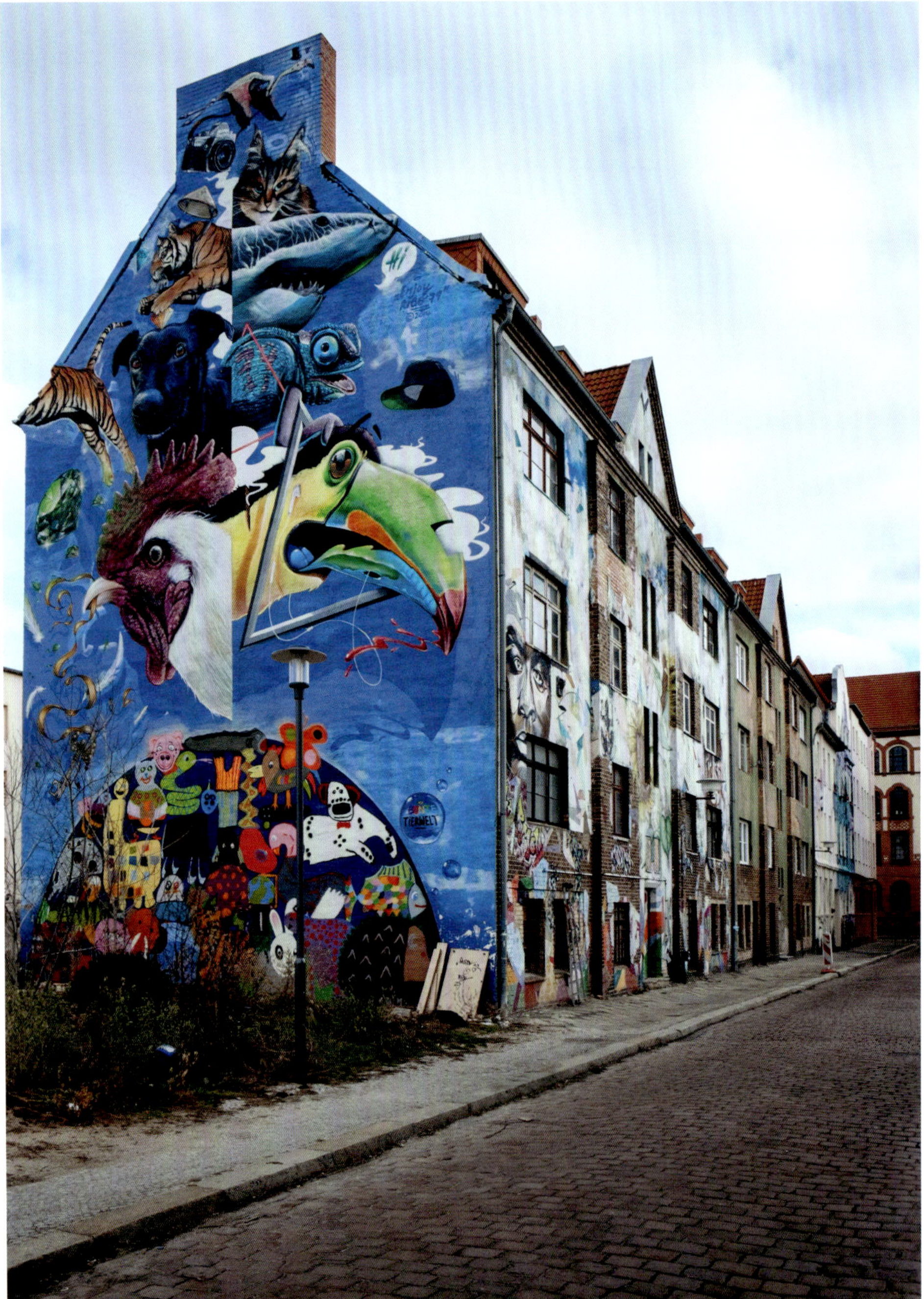

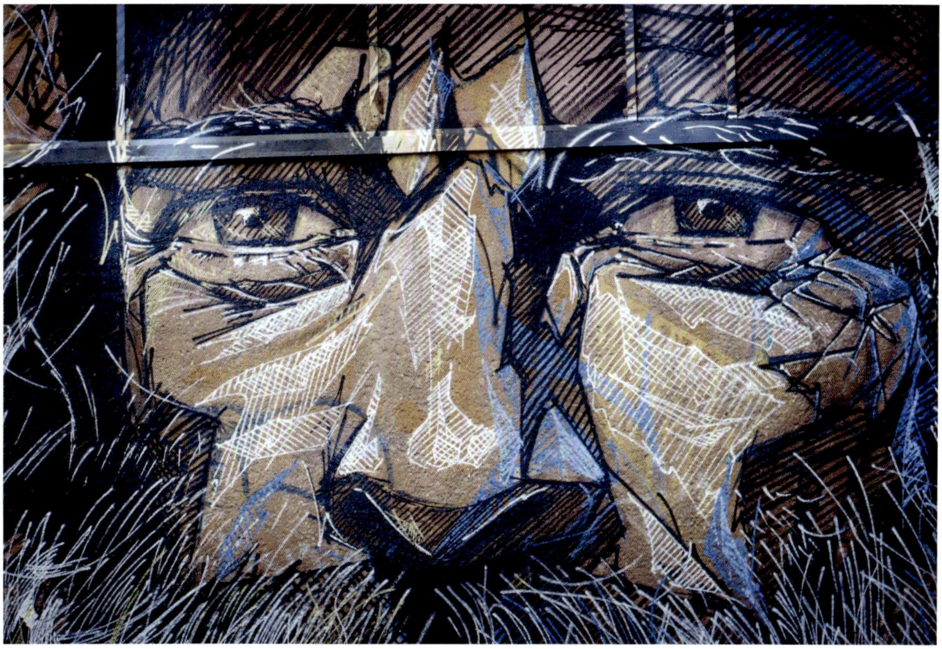

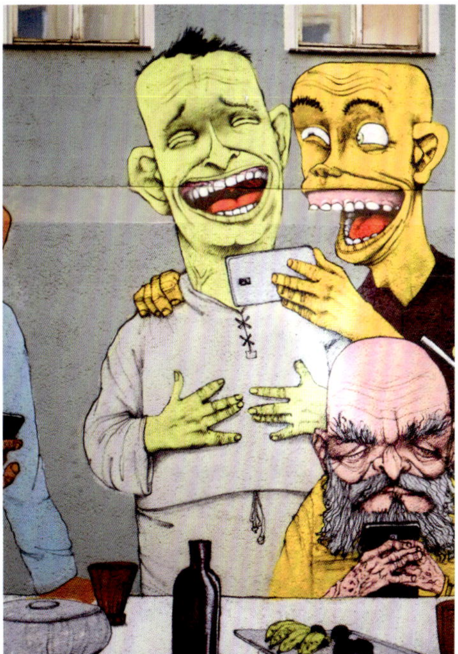

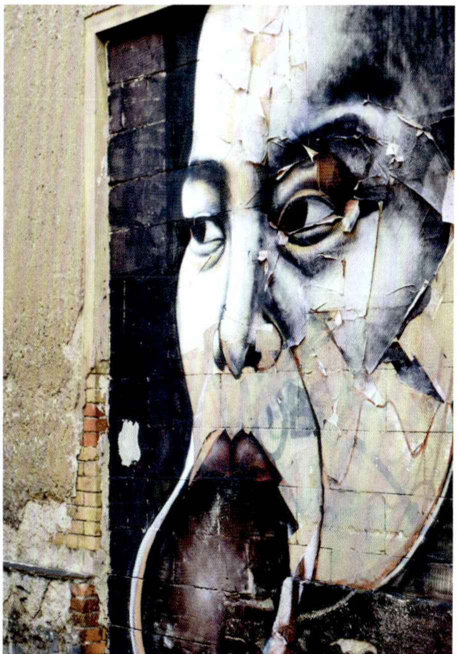

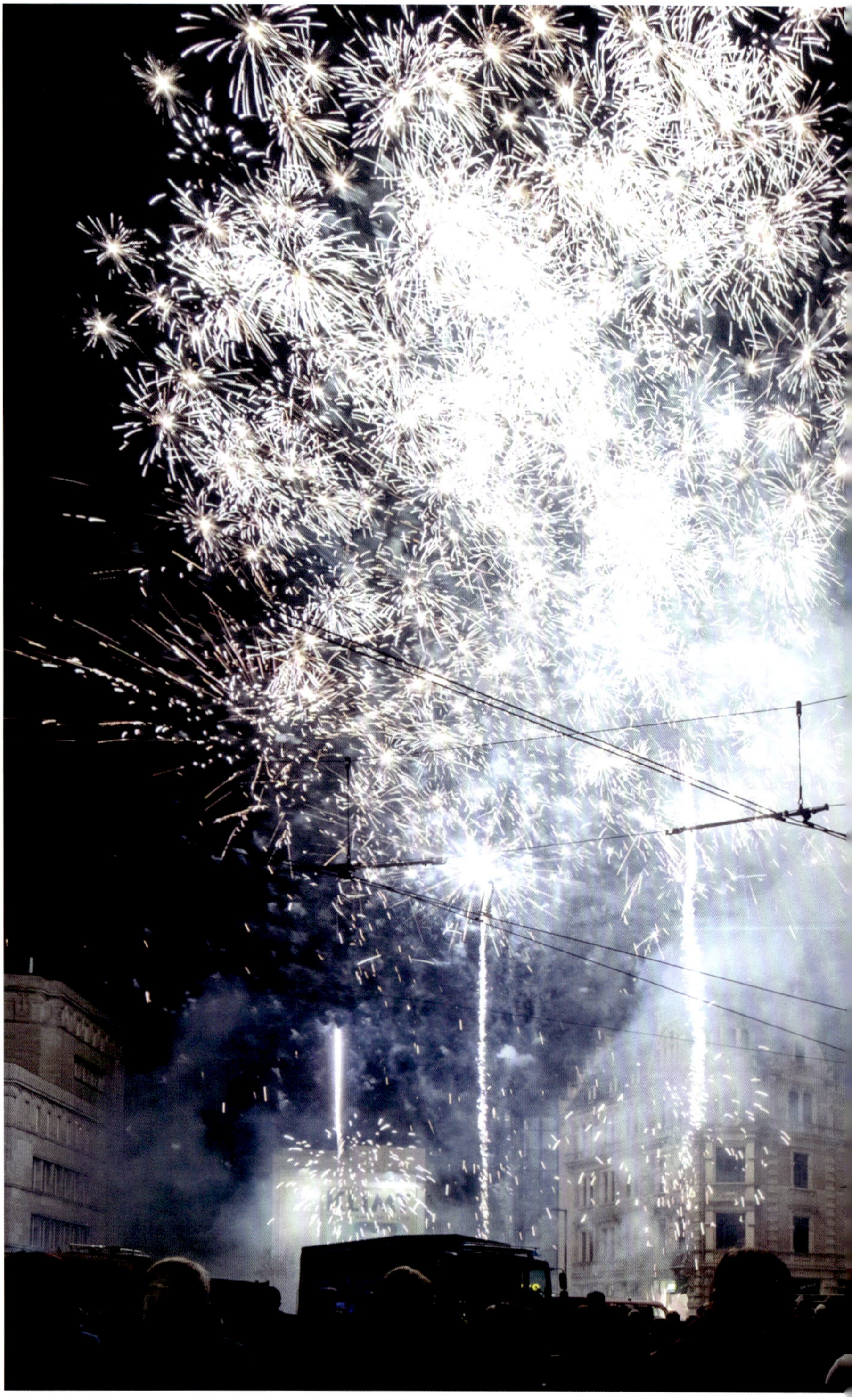

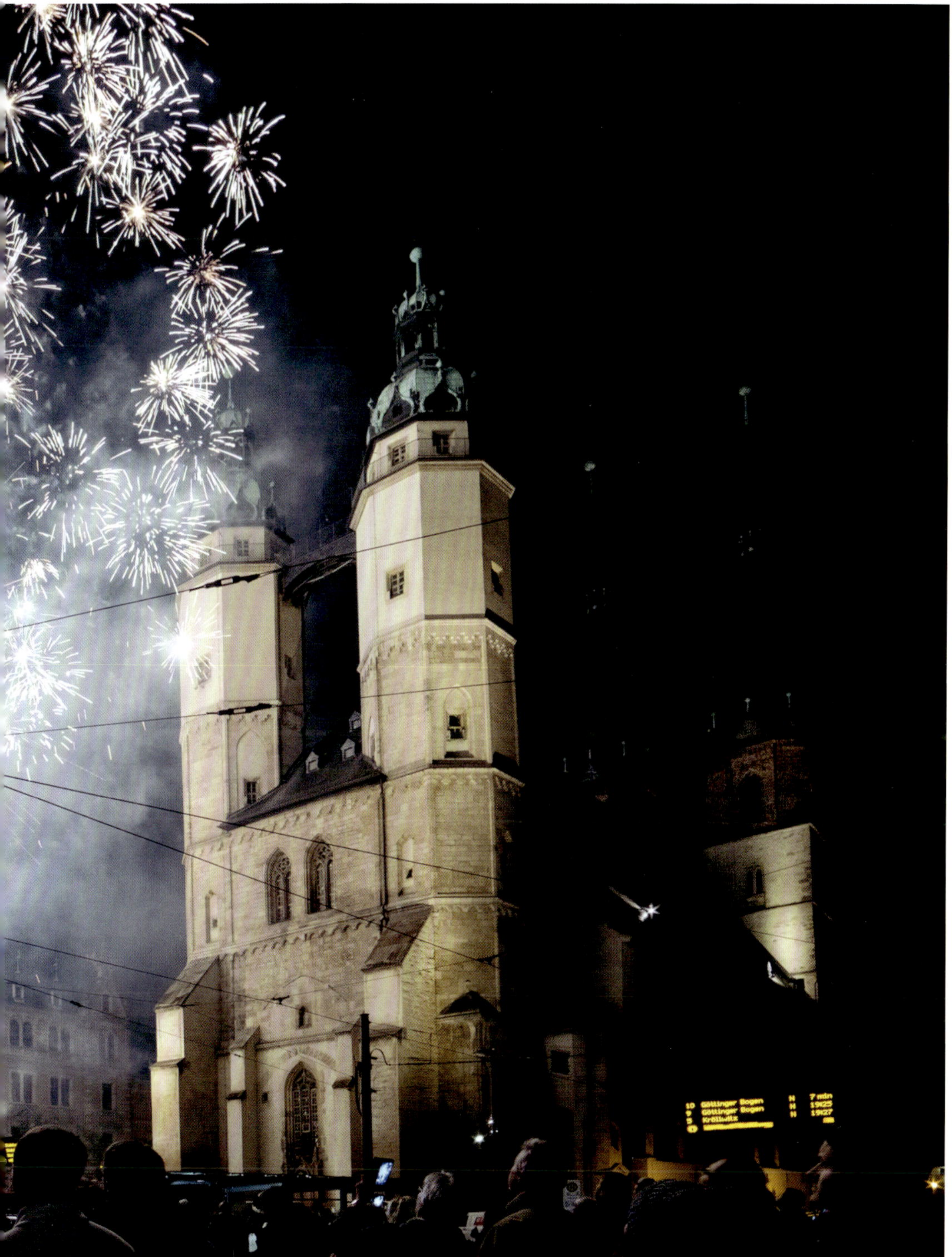
10 Göttinger Bogen
9 Göttinger Bogen
5 Kröllwitz
7 min

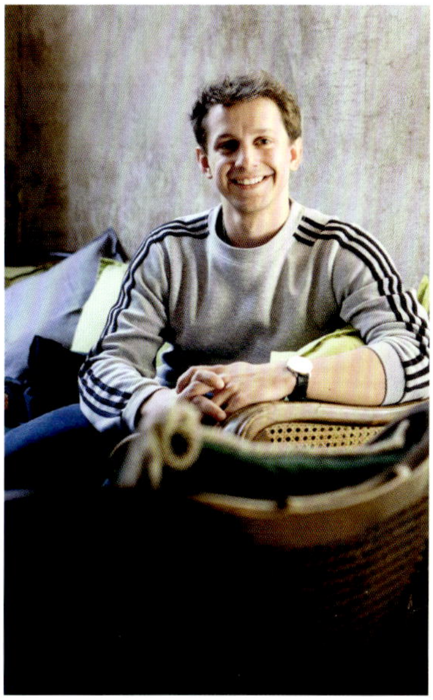

Conrad Schumann, 1996 geboren in Halle, studiert Biowissenschaften an der Martin-Luther-Universität. Seit 2016 lebt er wieder in Halle. In seiner Freizeit fotografiert er Stadtlandschaften und Portraits, wobei er seine Bilder bisher ausschließlich auf »Instagram« veröffentlichte. Für die Arbeit am Bildband »Halle. Momente« war ihm der Austausch mit Hallensern wichtig, um die Stadt in ihren charakteristischen Details und in ihrer Gesamtheit einzufangen.

Katrin Rux, 1982 geboren in Zwickau, lebt seit 2006 in Halle und studierte Kunst und Religion auf Lehramt. Ihre Lyrik und Kurzprosa veröffentlicht sie unter anderen in der Literaturzeitschrift »oda«. Für die Arbeit am Bildband »Halle. Momente« unternahm sie zahlreiche Streifzüge durch die Stadt, um Stoff für ihre Texte aufzuspüren. Dabei gab es einen regen Austausch mit Conrad Schumanns fotografischer Sichtweise, der auf mancher Buchseite im leisen Zusammenspiel zwischen Text und Bild sichtbar wird.

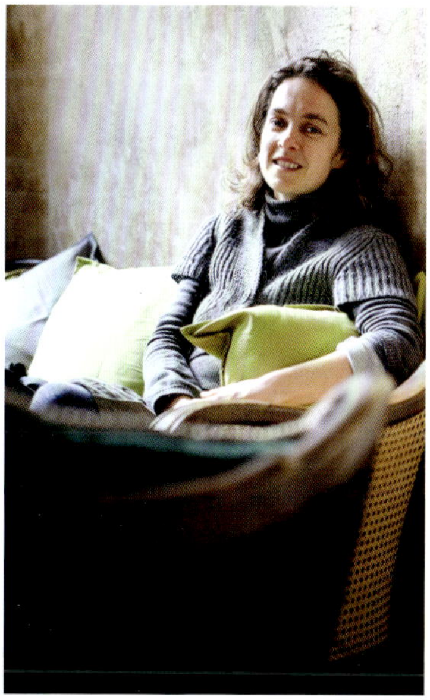

Umschlagfotos: Rathausstraße (vorn); Springbrunnen am Steintor mit Blick zum Wasserturm Nord (hinten)

www.mitteldeutscherverlag.de

Gesamtherstellung: Mitteldeutscher Verlag, Halle (Saale)
Lektorat: André Schinkel, Halle (Saale)

ISBN 978-3-96311-221-8

Printed in the EU